本書係「敦煌文獻系統性保護整理出版工程」項目成果

二〇二一—二〇三五年國家古籍工作規劃重點出版項目

「十四五」國家重點出版物出版規劃項目

國家古籍整理出版專項經費資助項目

中國國家圖書館藏敦煌文獻

中國國家圖書館 編

第七九册

BD01168～BD01187

國家圖書館出版社

DUNHUANG MANUSCRIPTS IN THE NATIONAL LIBRARY OF CHINA

079

BD01168 ~ BD01187

compiled by the

National Library of China

National Library of China Publishing House

凡例

一　本書刊布中國國家圖書館藏敦煌文獻，以館藏編號爲序編排。

二　館藏編號采用「BD+流水號」格式，如BD00001, BD16579等。背面在編號後加v表示。一個編號包含多件文獻者，編號後分別綴以字母A, B, C等。一件文獻含有多個内容者，以數字-1, -2, -3等標明順序。

三　圖版有縮印或放大處另加説明，尺寸超出本書幅面的以摺葉形式呈現。

四　卷軸裝、梵夾裝、經摺裝等裝幀形制的敦煌文獻，各附外觀圖像。

五　每件文獻依次呈現外觀、正面、背面等。背面僅刊布有文字、圖像或其他要素的圖版，而略去素紙部分，背面圖版同樣以從右到左順序編排。凡有外題者，遵從以上原則。

六　除個別特殊情況外，爲保證閲讀連貫、流暢，圖版儘量通欄呈現。

七　各葉上方附該件文獻全圖，以高亮形式顯示本葉大圖在全卷中的位置。部分長卷文獻全圖衹能分多段呈現時，在上段末以❮符標示下段接續。卷尾内容不足一葉時，文獻全圖使用該圖卷尾部分，亦以❮符標示。背面圖版文字與正面文字方向相反時，文獻全圖按原貌顯示，正文翻轉呈現，以便閲讀研究，用⟲符標示。

八　文獻題名大體沿用中國國家圖書館此前所編多部敦煌文獻目録的考證，部分吸收學界最新研究成果略作調整和完善。文獻題名綜合參考原卷首題、尾題、外題確定，如原卷題名與該文獻正式名稱不同，則采用正式名稱；無題名者，或比定題名，或擬定新名。非漢文文獻在題名前標注語種。有分卷不同等其他情況者，括注於文獻名稱後。

九　本書著録使用通行繁體字，涉及原文中的人名、地名等，必要時保留原字形。

About this publication

1. The documents are presented in shelfmark order.
2. The shelfmarks are in the form BD plus a running number, eg. BD00001, BD16579, &c. If a given shelfmark contains multiple documents, these are distinguished by the letters A, B, C, &c. If a document has multiple contents, they are distinguished by the numbering 1, 2, 3, &c. The verso side of an item is indicated by the letter v.
3. If it has been necessary to reduce or enlarge the size of an illustration, the dimensions are indicated. If the size of an illustration exceeds the size of the book, a folding sheet is used.
4. If the document is a scroll, a folded sutra, or has a stitched binding, a picture of the whole object is provided to show its external appearance.
5. The cover, front, and back of each document are reproduced in sequence. The back of a document is only reproduced if it contains text, illustrations, or other markings, and it is oriented from right to left. If it is blank it is not reproduced.
6. Except in a few special cases, the lines of text are reproduced unbroken to make them coherent and easier to read.
7. An illustration of the complete document is reproduced at the top of each page, and the section where the main illustration appears is highlighted in order to indicate its position. If it has only been possible to reproduce a long scroll in sections, the direction symbol has been used to indicate where one illustration ends and the next one begins. If the end of the scroll occupies less than one page, the direction symbol is used to indicate its position in the illustration of the complete document. If the text on the back of the document has a different orientation from the text on the front, it is reproduced as it is, but is also rotated (indicated with the rotation symbol) so that it can be read easily.
8. The titles of the documents generally conform with those already established by the Library, but in some cases have been amended by drawing on the most recent scholarly research. The titles are derived firstly from the beginning of the text, then from the end of the text, and lastly from the cover. If the title of a document differs from its authoritative form, the authoritative form is used; and if a document has no title, one is either supplied by comparison with similar documents, or a new one is devised. If the document is not in Chinese, its language is indicated before the title. If the number of juan is different from that of the authoritative version, or if there are other irregularities, this is noted.
9. The documents in the book are in traditional Chinese characters. Where the title contains personal or place names, the original characters used for these names are retained.

(Translated by David Helliwell)

第七九册目録

凡例 一
About this publication 三
BD01168 妙法蓮華經卷五 二
BD01169 灌頂章句拔除過罪生死得度經 三〇
BD01170 金剛般若波羅蜜經 三八
BD01171 妙法蓮華經卷二 四二
BD01172 維摩詰所説經卷上 八六
BD01173 妙法蓮華經卷六 一一八
BD01174 無量壽宗要經（甲本） 一二六
BD01175 大般若波羅蜜多經卷一九 一三六

BD01176 維摩詰所説經卷上 一四八

BD01177 金剛般若波羅蜜經 一六二

BD01178 灌頂章句拔除過罪生死得度經 一八〇

BD01179 金剛般若波羅蜜經 一八六

BD01180 妙法蓮華經卷七 一九〇

BD01181 妙法蓮華經卷三 一九八

BD01182 妙法蓮華經卷三 二二四

BD01183 大般若波羅蜜多經卷四〇四 二四〇

BD01183v 雜寫 二四二

BD01184 妙法蓮華經（八卷本）卷五 二四四

BD01185 天地八陽神咒經 二七〇

BD01186 大般若波羅蜜多經卷一二六 二八〇

BD01186v 勘記 二八六

BD01187 妙法蓮華經卷一 二八八

BD01168 妙法蓮華經卷五

（後秦）鳩摩羅什 譯

617.8cm × 26cm

我今……疑懼佛无不實語智……
所得第一法甚深叵分別如是今當說汝等一心聽
尒時世尊說此偈已告弥勒菩薩我今於此
大衆宣告汝等阿逸多是諸大菩薩摩訶薩
无量无數阿僧祇從地踊出汝等昔所未見
者我於是娑婆世界得阿耨多羅三藐三菩
提已教化示導是諸菩薩調伏其心令發道
意此諸菩薩皆於是娑婆世界之下此界虛
空中住於諸經典讀誦通利思惟分別正憶
念阿逸多是諸善男子等不樂在衆多有所
說常樂靜處勤行精進未曾休息亦不依止
人天而住常樂深智无有鄣礙亦常樂於諸
佛之法一心精進求无上慧尒時世尊欲重

宣此義而說偈言

阿逸汝當知　是諸大菩薩　從无數劫來　脩習佛智慧
悉是我所化　令發大道心　此等是我子　依止是世界
常行頭陁事　志樂於靜處　捨大衆憒閙　不樂多所說
如是諸子等　學習我道法　晝夜常精進　為求佛道故
在娑婆世界　下方空中住　志念力堅固　常勤求智慧
說種種妙法　其心无所畏　我於伽耶城　菩提樹下坐
得成最正覺　轉无上法輪　尒乃教化之　令初發道心
今皆住不退　悉當得成佛　我今說實語　汝等一心信
我從久遠來　教化是等衆

尒時弥勒菩薩摩訶薩及无數諸菩薩等心
生疑惑恠未曾有而作是念云何世尊於少
時間教化如是无量无邊阿僧祇諸大菩薩

時聞教化如是无量无邊阿僧祇諸大菩薩
令住阿耨多羅三藐三菩提即白佛言世尊
如来為太子時出於釋宮去伽耶城不遠坐
於道場得成阿耨多羅三藐三菩提從是已
来始過四十餘年世尊云何於此少時大作
佛事以佛勢力以佛功德教化如是无量大
菩薩衆當成阿耨多羅三藐三菩提世尊此
大菩薩衆假使有人於千万億劫數不能盡
不得其邊斯等久遠已来於无量无邊諸佛
所殖諸善根成就菩薩道常脩梵行世尊如
此之事世所難信譬如有人色美髮黑年二
十五指百歲人言是我子其百歲人亦指年
少言是我父生育我等是事難信佛亦如是
得道已来其實未久而此大衆諸菩薩等已

於无量千万億劫為佛道故勤行精進善入
出住无量百千万億三昧得大神通久脩梵
行善能次第習諸善法巧於問荅人中之寶
一切世間甚為希有今日世尊方云得佛道
時初令發心教化示導令向阿耨多羅三藐
三菩提世尊得佛未久乃能作此大功德事
我等雖復信佛隨宜所說佛所出言未曾虛
妄佛所知者皆悉通達然諸新發意菩薩於
佛滅後若聞是語或不信受而起破法罪業
因緣唯然世尊願為解說除我等疑及未來
世諸善男子聞此事已亦不生疑尒時弥勒
菩薩欲重宣此義而說偈言
佛昔從釋種　出家近伽耶　坐於菩提樹　尒來尚未久

佛昔從釋種　出家近伽耶　坐於菩提樹　爾來尚未久
此諸佛子等　其數不可量　久已行佛道　住神道智力
善學菩薩道　不染世間法　如蓮華在水　從地而踊出
皆起恭敬心　住於世尊前　是事難思議　云何而可信
佛得道甚近　所成就甚多　願為除衆疑　如實分別說
譬如少壯人　年始二十五　示人百歲子　髮白而面皺
是等我所生　子亦說是父　父少而子老　舉世所不信
世尊亦如是　得道來甚近　是諸菩薩等　志固无怯弱
從无量劫來　而行菩薩道　巧於難問答　其心无所畏
忍辱心決定　端正有威德　十方佛所讚　善能分別說
不樂在人衆　常好在禪定　為求佛道故　於下空中住
我等從佛聞　於此事无疑　願佛為未來　演說令開解
若有於此經　生疑不信者　即當墮惡道　願令為解說
量菩薩　云何於少時　教化令發心　而住不退地

妙法蓮華經如来壽量品第十六

尒時佛告諸菩薩及一切大衆諸善男子汝
等當信解如来誠諦之語復告大衆汝等當
信解如来誠諦之語又復告諸大衆汝等當
信解如来誠諦之語是時菩薩大衆弥勒
為首合掌白佛言世尊唯願說之我等當信受
佛語如是三白已復言唯願說之我等當信
受佛語尒時世尊知諸菩薩三請不止而告
之言汝等諦聽如来秘密神通之力一切世
間天人及阿脩羅皆謂今釋迦牟尼佛出釋
氏宮去伽耶城不遠坐於道場得阿耨多羅
三藐三菩提然善男子我實成佛已来无量
无邊百千万億那由他劫譬如五百千万億

无邊百千万億那由他劫辟如五百千万億
那由他阿僧祇三千大千世界假使有人末
為微塵過於東方五百千万億那由他阿僧
祇國乃下一塵如是東行盡是微塵諸善男
子於意云何是諸世界可得思惟挍計知其
數不弥勒菩薩等俱白佛言世尊是諸世界
无量无邊非筭數所知亦非心力所及一切
聲聞辟支佛以无漏智不能思惟知其限數
我等住阿惟越致地於是事中亦所不達世
尊如是諸世界无量无邊尒時佛告大菩薩
衆諸善男子今當分明宣語汝等是諸世界
若著微塵及不著者盡以為塵一塵一劫我
成佛已來復過於此百千万億那由他阿僧
祇劫自從是來我常在此娑婆世界說法教

利衆生諸善男子於是中間我說然燈佛等
又復言其入於涅槃如是皆以方便分別諸
善男子若有衆生來至我所我以佛眼觀其
信等諸根利鈍隨所應度處處自說名字不
同年紀大小亦復現言當入涅槃又以種種
方便說微妙法能令衆生發歡喜心諸善男
子如來見諸衆生樂於小法德薄垢重者爲
是人說我少出家得阿耨多羅三藐三菩提
然我實成佛已來久遠若斯但以方便教化
衆生令入佛道作如是說諸善男子如來所
演經典皆爲度脫衆生或說己身或說他身
或示己身或示他身或示己事或示他事諸

或示己身或示他身或示己事或示他事諸
所言說皆實不虛所以者何如來如實知見
三界之相无有生死若退若出亦无在世及
滅度者非實非虛非如非異不如三界見於
三界如斯之事如來明見无有錯謬以諸衆
生有種種性種種欲種種行種種憶想分別
故欲令生諸善根以若干因緣辟喻言辞種
種說法所作佛事未曾暫廢如是我成佛已
來甚大久遠壽命无量阿僧祇劫常住不滅
諸善男子我本行菩薩道所成壽命今猶未
盡復倍上數然今非實滅度而便唱言當取
滅度如來以是方便教化衆生所以者何若
佛久住於世薄德之人不種善根貧窮下賤
貪著五欲入於憶想妄見網中若見如來常

不滅便起憍恣而懷厭怠不能生難遭之想
恭敬之心是故如來以方便說比丘當知諸
佛出世難可值遇所以者何諸薄德之人過
无量百千万億劫或有見佛或不見者以此
事故我作是言諸比丘如來難可得見斯衆
生等聞如是語必當生於難遭之想心懷戀
慕渴仰於佛便種善根是故如來雖不實滅
而言滅度又善男子諸佛如來法皆如是為
度衆生皆實不虛譬如良醫智慧聰達明練
方藥善治衆病其人多諸子息若十二十

乃至百數以有事緣遠至餘國諸子於後飲
他毒藥藥發悶亂宛轉于地是時其父還來
歸家諸子飲毒或失本心或不失者遙見其

歸家諸子飲毒或失本心或不失者遥見其
父皆大歡喜拜跪問訊善安隱歸我等愚癡
悮服毒藥願見救療更賜壽命父見子等苦
惱如是依諸經方求好藥草色香美味皆悉
具足擣篩和合與子令服而作是言此大良
藥色香美味皆悉具足汝等可服速除苦惱
无復衆患其諸子中不失心者見此良藥色
香俱好即便服之病盡除愈餘失心者見其
父来雖亦歡喜問訊求索治病然與其藥而
不肯服所以者何毒氣深入失本心故於此
好色香藥而謂不美父作是念此子可愍爲
毒所中心皆顛倒雖見我喜求索救療如是
好藥而不肯服我今當設方便令服此藥即
[illegible]

良藥今留在此汝可取服勿憂不差作是教
已復至他國遣使還告汝父已死是時諸子
聞父背喪心大憂惱而作是念若父在者慈
愍我等能見救護今者捨我遠喪他國自惟
孤露无復恃怙常懷悲感心遂醒悟乃知此
藥色味香美即取服之毒病皆愈其父聞子
悉已得差尋便來歸咸使見之諸善男子於
意云何頗有人能說此良醫虛妄罪不不也
世尊佛言我亦如是成佛已來无量无邊百
千万億那由他阿僧祇劫為衆生故以方便
力言當滅度亦无有能如法說我虛妄過者
尒時世尊欲重宣此義而說偈言
自我得佛來　所經諸劫數　无量百千万　億載阿僧祇

尒時世尊欲重宣此義而說偈言

自我得佛来　所經諸劫數　无量百千万　億載阿僧祇
常說法教化　无數億衆生　令入於佛道　尒来无量劫
為度衆生故　方便現涅槃　而實不滅度　常住此說法
我常住於此　以諸神通力　令顛倒衆生　雖近而不見
衆見我滅度　廣供養舍利　咸皆懐戀慕　而生渴仰心
衆生既信伏　質直意柔軟　一心欲見佛　不自惜身命
時我及衆僧　俱出靈鷲山　我時語衆生　常在此不滅
以方便力故　現有滅不滅　餘國有衆生　恭敬信樂者
我復於彼中　為說无上法　汝等不聞此　但謂我滅度
我見諸衆生　沒在於苦惱　故不為現身　令其生渴仰
因其心戀慕　乃出為說法　神通力如是　於阿僧祇劫
常在靈鷲山　及餘諸住處　衆生見劫盡　大火所燒時
我此土安隱　天人常充滿　園林諸堂閣　種種寶莊嚴

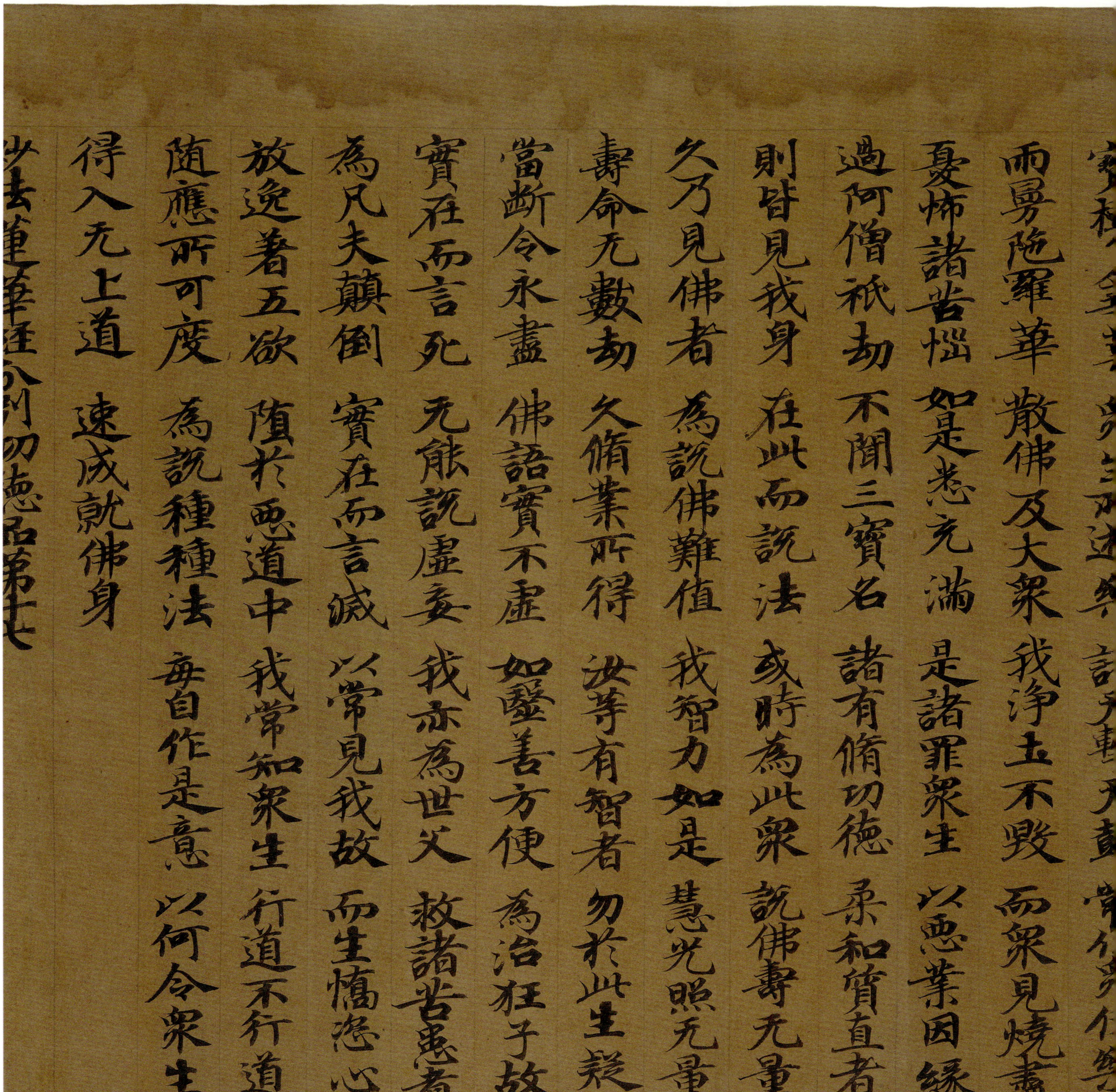

寶樹多華菓　衆生所遊樂　諸天擊天鼓　常作衆伎樂
雨曼陁羅華　散佛及大衆　我淨土不毀　而衆見燒盡
憂怖諸苦惱　如是悉充滿　是諸罪衆生　以惡業因緣
過阿僧祇劫　不聞三寶名　諸有脩功德　柔和質直者
則皆見我身　在此而說法　或時為此衆　說佛壽无量
久乃見佛者　為說佛難值　我智力如是　慧光照无量
壽命无數劫　久脩業所得　汝等有智者　勿於此生疑
當斷令永盡　佛語實不虛　如醫善方便　為治狂子故
實在而言死　无能說虛妄　我亦為世父　救諸苦患者
為凡夫顛倒　實在而言滅　以常見我故　而生憍恣心
放逸著五欲　墮於惡道中　我常知衆生　行道不行道
隨應所可度　為說種種法　每自作是意　以何令衆生
得入无上道　速成就佛身
妙法蓮華經分別功德品第十七

得入无上道　速成就佛身

妙法蓮華經分別功德品第十七

尒時大會聞佛說壽命劫數長遠如是无量
无邊阿僧祇衆生得大饒益於時世尊告彌
勒菩薩摩訶薩阿逸多我說是如來壽命長
遠時六百八十万億那由他恒河沙衆生得
无生法忍復有千億菩薩摩訶薩得聞持陁
羅尼門復有一世界微塵數菩薩摩訶薩得
樂說无礙辯才復有一世界微塵數菩薩摩
訶薩得百千万億无量旋陁羅尼復有三千大
千世界微塵數菩薩摩訶薩能轉不退法輪
復有二千中國土微塵數菩薩摩訶薩能轉
清淨法輪復有小千國土微塵數菩薩摩訶

四天下微塵數菩薩摩訶薩四生當得阿耨
多羅三藐三菩提復有三四天下微塵數菩
薩摩訶薩三生當得阿耨多羅三藐三菩提
復有二四天下微塵數菩薩摩訶薩二生當
得阿耨多羅三藐三菩提復有一四天下微
塵數菩薩摩訶薩一生當得阿耨多羅三藐
三菩提復有八世界微塵數衆生皆發阿耨
多羅三藐三菩提心佛說是諸菩薩摩訶薩
得大法利時於虛空中雨曼陁羅華摩訶曼
陁羅華以散无量百千万億寶樹下師子座
上諸佛并散七寶塔中師子座上釋迦牟尼
佛及久滅度多寶如来亦散一切諸大菩薩
及四部衆又雨細末栴檀沉水香等於虛空

及四部衆又雨細末栴檀沉水香等於虛空
中天鼓自鳴妙聲深遠又雨千種天衣垂諸
瓔珞真珠瓔珞摩尼珠瓔珞如意珠瓔珞遍於
九方衆寶香爐燒无價香自然周至供養
大會一一佛上有諸菩薩執持幡蓋次第而
上至于梵天是諸菩薩以妙音聲歌无量頌
讚歎諸佛尒時彌勒菩薩從座而起偏袒右
肩合掌向佛而說偈言

佛說希有法　昔所未曾聞　世尊有大力　壽命不可量
无數諸佛子　聞世尊分別　說得法利者　歡喜充滿身
或住不退地　或得陁羅尼　或无礙樂說　万億旋摠持
或有大千界　微塵數菩薩　各各皆能轉　不退之法輪
或有中千界　微塵數菩薩　各各皆能轉　清淨之法輪

復有小千界　微塵數菩薩　餘各八生在　當得成佛道
復有四三二　如是四天下　微塵諸菩薩　随數生成佛
或一四天下　微塵數菩薩　餘有一生在　當成一切智
如是等衆生　聞佛壽長遠　得无量无漏　清淨之果報
復有八世界　微塵數衆生　聞佛說壽命　皆發无上心
世尊說无量　不可思議法　多有所饒益　如虛空无邊
雨天曼陁羅　摩訶曼陁羅　釋梵如恒沙　无數佛土来
雨栴檀沉水　繽紛而亂墜　如鳥飛空下　供散於諸佛
天鼓虛空中　自然出妙聲　天衣千万種　旋轉而来下
衆寶妙香爐　燒无價之香　自然悉周遍　供養諸世尊
其大菩薩衆　執七寶幡蓋　高妙万億種　次第至梵天
一一諸佛前　寶幢懸勝幡　亦以千万偈　歌詠諸如来
如是種種事　昔所未曾有　聞佛壽无量　一切皆歡喜
佛名聞十方　廣饒益衆生　一切具善根　以助无上心

如是種種事　昔所未曾有　聞佛壽无量一切皆歡喜
佛名聞十方　廣饒益衆生　一切具善根　以助无上心
尒時佛告弥勒菩薩摩訶薩阿逸多其有衆
生聞佛壽命長遠如是乃至能生一念信解
所得功德无有限量若有善男子善女人爲
阿耨多羅三藐三菩提故於八十万億那由
他劫行五波羅蜜檀波羅蜜尸羅波羅蜜羼
提波羅蜜毗梨耶波羅蜜禪波羅蜜除般若
波羅蜜以是功德比前功德百分千分百千万
億分不及其一乃至筭數譬喻所不能知若
善男子善女人有如是功德於阿耨多羅三
藐三菩提退者无有是處尒時世尊欲重宣
此義而說偈言

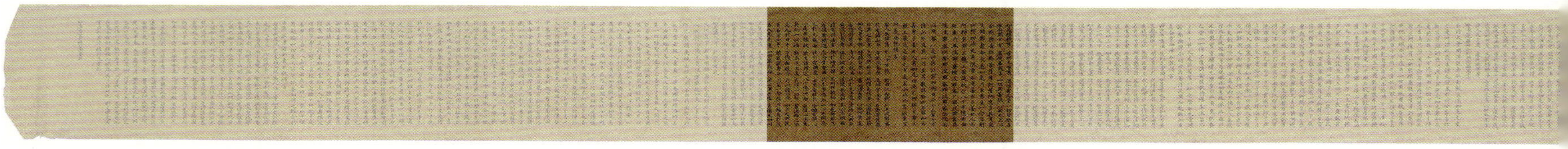

若人求佛慧　於八十万億　那由他劫數　行五波羅蜜
於是諸劫中　布施供養佛　及緣覺弟子　并諸菩薩衆
珍異之飲食　上服與卧具　栴檀立精舍　以園林莊嚴
如是等布施　種種皆微妙　盡此諸劫數　以迴向佛道
若復持禁戒　清淨无缺漏　求於无上道　諸佛之所歎
若復行忍辱　住於調柔地　設衆惡來加　其心不傾動
諸有得法者　懷於增上慢　爲此所輕惱　如是亦能忍
若復勤精進　志念常堅固　於无量億劫　一心不懈息
又於无數劫　住於空閑處　若坐若經行　除睡常攝心
以是因緣故　能生諸禪定　八十億万劫　安住心不亂
持此一心福　願求无上道　我得一切智　盡諸禪定際
是人於百千　万億劫數中　行此諸功德　如上之所說
有善男女等　聞我說壽命　乃至一念信　其福過於彼
若人悉无有　一切諸疑悔　深心須臾信　其福爲如此

有善男女等 聞我說壽命 乃至一念信 其福過於彼
若人悉无有 一切諸疑悔 深心須臾信 其福為如此
其有諸菩薩 无量劫行道 聞我說壽命 是則能信受
如是諸人等 頂受此經典 願我於未來 長壽度衆生
如今日世尊 諸釋中之王 道場師子吼 說法无所畏
我等未來世 一切所尊敬 坐於道場時 說壽亦如是
若有深心者 清淨而質直 多聞能捴持 隨義解佛語
如是諸人等 於此无有疑
又阿逸多若有聞佛壽命長遠解其言趣是
人所得功德无有限量能起如來无上之慧
何況廣聞是經若教人聞若自持若教人持
若自書若教人書若以華香瓔珞幢幡繒蓋
香油蘇燈供養經卷是人功德无量无邊能

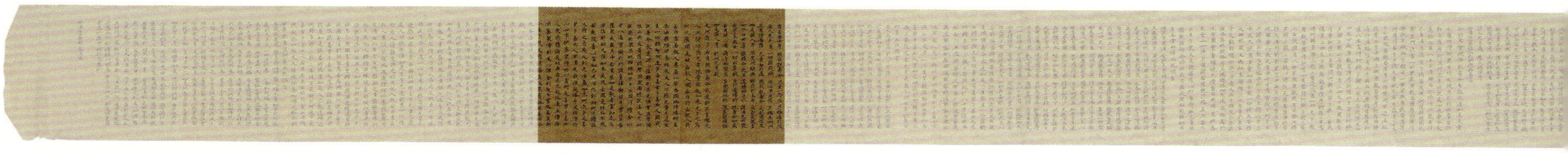

生一切種智阿逸多若善男子善女人聞我
說壽命長遠深心信解則爲見佛常在耆闍
崛山共大菩薩諸聲聞衆圍繞說法又見此
娑婆世界其地瑠璃坦然平正閻浮檀金以
界八道寶樹行列諸臺樓觀皆悉寶成其菩
薩衆咸處其中若有能如是觀者當知是爲
深信解相又復如來滅後若聞是經而不毀
呰起隨喜心當知已爲深信解相何況讀誦
又持之者斯人則爲頂戴如來阿逸多是善
男子善女人不須爲我復起塔寺及作僧坊
以四事供養衆僧所以者何是善男子善女
人受持讀誦是經典者爲已起塔造立僧坊
供養衆僧則爲以佛舍利起七寶塔高廣漸
小至于梵天懸諸幡蓋及衆寶鈴華香瓔珞

BD01168　妙法蓮華經卷五

供養衆僧則為以佛舍利起七寶塔高廣漸
小至于梵天懸諸幡蓋及衆寶鈴華香瓔珞
末香塗香燒香衆鼓伎樂簫笛箜篌種種儛
戲以妙音聲歌唄讚頌則為已於无量千万
億劫作是供養已阿逸多若我滅後聞是經典
有能受持若自書若教人書則為起立僧坊
以赤栴檀作諸殿堂三十有二高八多羅樹
高廣嚴好百千比丘於其中止園林浴池經
行禪窟衣服飲食床褥湯藥一切樂具充滿
其中如是僧坊堂閣若干百千万億其數无
量以此現前供養於我及比丘僧是故我說
如来滅後若有受持讀誦為他人說若自書
若教人書供養經卷不須復起塔寺及造僧
坊供養衆僧況復有人能持是經兼行布施

持戒忍辱精進一心智慧其德㝡勝无量无
邊譬如虛空東西南北四維上下无量无邊
是人功德亦復如是无量无邊疾至一切種
智若人讀誦受持是經為他人說若自書若
教人書復能起塔及造僧坊供養讚歎聲聞
衆僧亦以百千万億讚歎之法讚歎菩薩功
德又為他人種種因緣隨義解說此法華經
復能清淨持戒與柔和者而共同止忍辱无
瞋志念堅固常貴坐禪得諸深定精進勇猛
攝諸善法利根智慧善荅問難阿逸多若我
滅後諸善男子善女人受持讀誦是經典者
復有如是諸善功德當知是人已趣道場近
阿耨多羅三藐三菩提坐道樹下阿逸多是
善男子善女人若坐若立若經行處此中便

阿耨多羅三藐三菩提坐道樹下阿逸多是
善男子善女人若坐若立若經行處此中便
應起塔一切天人皆應供養如佛之塔尒時
世尊欲重宣此義而說偈言
若我滅度後　能奉持此經　斯人福无量　如上之所說
是則為具足　一切諸供養　以舍利起塔　七寶而莊嚴
表剎甚高廣　漸小至梵天　寶鈴千万億　風動出妙音
又於无量劫　而供養此塔　華香諸瓔珞　天衣眾伎樂
然香油蘇燈　周帀常照明　惡世法末時　能持是經者
則為已如上　具足諸供養　若能持此經　則如佛現在
以牛頭栴檀　起僧坊供養　堂有三十二　高八多羅樹
上饌妙衣服　牀臥皆具足　百千眾住處　園林諸流池
經行及禪窟　種種皆嚴好　若有信解心　受持讀誦書
若復教人書　及供養經卷　散華香末香　以須曼瞻蔔

阿提目多伽　薰油常然之　如是供養者　得无量功德
如虛空无邊　其福亦如是　況復持此經　兼布施持戒
忍辱樂禪定　不瞋不惡口　恭敬於塔廟　謙下諸比丘
遠離自高心　常思惟智慧　有問難不瞋　隨順為解說
若能行是行　功德不可量　若見此法師　成就如是德
應以天華散　天衣覆其身　頭面接足禮　生心如佛想
又應作是念　不久詣道樹　得无漏无為　廣利諸人天
其所住止處　經行若坐臥　乃至說一偈　是中應起塔
莊嚴令妙好　種種以供養　佛子住此地　則是佛受用
常在於其中　經行及坐臥

妙法蓮華經卷第五

妙法蓮華經卷第五

BD01169

灌頂章句拔除過罪生死得度經

（東晉）帛尸梨蜜多羅 譯

143cm × 25cm

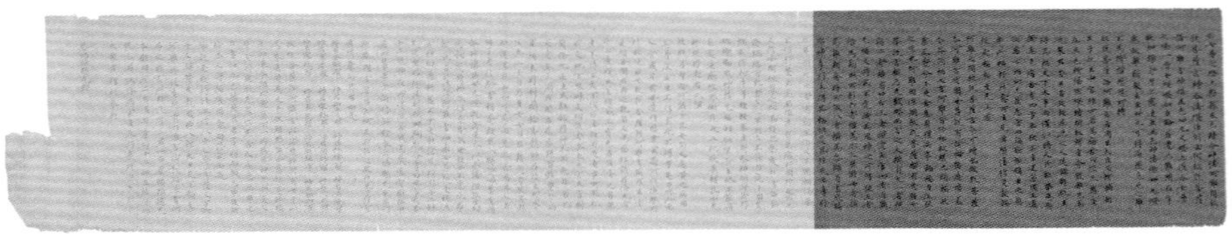

然七層之燈亦勸懸五色續命神幡阿難問救
脫菩薩言續命幡燈法則云何救脫菩薩
語阿難言神幡五色卌九尺燈亦復尒七層
之燈一層七燈燈如車輪若遭厄難閉在牢
獄枷鏁著身亦應造立五色神幡燃卌九燈
應放雜類衆生至卌九可得過度危厄之難
不為諸橫惡鬼所持
救脫菩薩語阿難言若國王大臣及諸輔相
王子妃主中宮綵女若為病苦所惱亦應造
立五色綪幡然燈續明救諸生命散雜色華
燒衆名香王當放赦屈厄之人徒鏁解脫王
得其福天下太平雨澤以時人民歡樂惡龍
[illegible]

[illegible]
乘此福祿在意所生見佛聞法信受教誨
從是福報至无上道
阿難又問救脫菩薩言命可續世救脫菩薩
答阿難言我聞世尊說有諸橫勸造幡蓋
令其脩福又言阿難昔沙彌救蟻已脩福故
盡其壽命不更苦患身體安寧福德力強使
之然也阿難因復問救脫菩薩橫有幾種世
尊說言橫乃无數略而言之大橫有九一者橫
病二者橫有口舌三者橫遭縣官四者身羸
无福又持戒不完橫為鬼神之所得便五者
橫為劫賊所剝六者橫為水火焚漂七者橫
為雜類禽狩所噉八者橫為怨讎符書厭禱
耶神牽引未得其福但受其殃先亡牽引

BD01169　灌頂章句拔除過罪生死得度經

耶神嬈引未得其福但受其殃先已嬈引
之名横死九者有病不治又不脩福湯藥
不慎針灸失度不值良醫為病所困於是滅亡
又信世間妖孽之師為作恐動寒熱言語妄
發禍福所犯者多心不自正不能自定卜問覓
禍煞猪狗牛羊種種衆生解奏神明呼諸耶
妖魍魎鬼神請乞福祚欲望長生終不能得
愚癡迷惑信耶倒見死入地獄展轉其中无
解脫時是名九横
救脫菩薩語阿難言其世間人瘦黃之病困
篤着床求生不得求死不得考楚万端此病
人者或其前世造作惡業罪過所招殃咎所
引故使然也救脫菩薩語阿難言閻羅王者
主領世間名籍之記若人為惡作者非法无孝

生不持五戒不信正法設有受者多所毀犯
於是地下鬼神及伺候者奏上五官五官料
簡除死定生或註録精神未判是非若已
定者奏上閻羅閻羅監察隨罪輕重考而
罪福未得料簡録其精神在彼王所或七
日五三七日乃至七七日名籍定者放其精
神還其身中如從夢中見其善惡其人若
明了者信驗罪福是故我今勸諸四輩造續
命神幡然卌九燈放諸生命以此幡燈放生功
德扶彼精神令得度苦今世後世不遭厄難
救脫菩薩語阿難言如來世尊說是經典
威神功德利益不少坐中諸鬼神有十二神
王從坐而起往到佛所𨄔跪合掌白佛言我等

王從坐而起往到佛所䠒跪合掌白佛言我等
十二鬼神在所作護若城邑聚落空閑林中
若四輩弟子誦持此經令所結願无求不得
阿難問言其名云何為我說之救脫菩薩言
灌頂章句其名如是
神名金毗羅　神名和耆羅　神名弥佉羅　神名安陁羅
神名摩尼羅　神名宋林羅　神名因持羅　神名波耶羅
神名摩休羅　神名真陁羅　神名照頭羅　神名毗伽羅
救脫菩薩語阿難言此諸鬼神別有七千以
為眷屬皆悉叉手低頭聽佛世尊說是琉璃
光如來本願功德莫不一時捨鬼神形得受人
身長得度脫无衆惱患若人疾急厄難之
日當以五色縷結其名字得如願已然後解

佛說是經時[illegible]
千人俱諸天龍鬼神八部大王无不歡喜
阿難即從坐起前白佛言演說此法當何
名之佛言此經凡有三名一名藥師琉璃光
本願功德二名灌頂章句十二神王結願神
呪三名拔除過罪生死得度經佛說經竟
大衆民作礼奉行
藥師琉璃光經

BD01170 金剛般若波羅蜜經

（後秦）鳩摩羅什 譯

67.6cm × 24.8cm

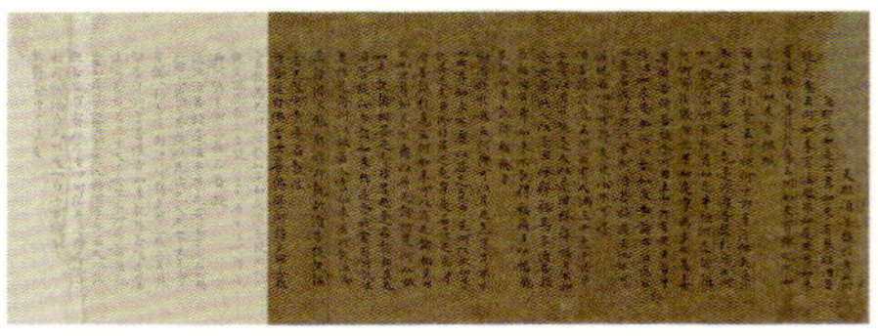

目
天眼須菩提於意云何
慧眼不如是世尊如来有慧眼須菩
提於意云何如来有法眼不如是世尊如来
有法眼須菩提於意云何如来有佛眼不如
是世尊如来有佛眼
須菩提於意云何恒河中所有沙佛說是沙
不如是世尊如来說是沙須菩提於意云何
如一恒河中所有沙有如是等恒河是諸恒
河所有沙數佛世界如是寧為多不甚多世
尊佛告須菩提尒所國土中所有衆生若干
種心如来悉知何以故如来說諸心皆為非
心是名為心所以者何須菩提過去心不可
得現在心不可得未来心不可得
須菩提於意云何若有人滿三千大千世界

是世尊此人以是因緣得福甚多須菩提
若福德有實如来不說得福德多以福德
无故如来說得福德多
須菩提於意云何佛可以具足色身見不不
世尊如来不應以具足色身見何以故如来
說具足色身即非具足色身是名具足色身
須菩提於意云何如来可以具足諸相見不
不也世尊如来不應以具足諸相見何以故
如来說諸相具足即非具足是名諸相具足
須菩提汝勿謂如来作是念我當有所說法
莫作是念何以故若人言如来有所說法即
為謗佛不能解我所說故須菩提說法
者无法可說是名說法
須菩提白佛言世尊佛得阿耨多羅三藐

須菩提白佛言世尊佛得阿耨多羅三藐
三菩提為无所得邪如是如是須菩提我於阿
耨多羅三藐三菩提乃至无有少法可得是
名阿耨多羅三藐三菩提
復次須菩提是法平等无有高下是名阿耨
多羅三藐三菩提以无我无人无衆生无壽
者脩一切善法則得阿耨多羅三藐三菩提
須菩提所言善法者如來說非善法是名善
法須菩提若三千大千世界中所有諸須弥
山王如是等七寶聚有人持用布施若人以此
般若波羅蜜經乃至四句偈等受持為他人說
於前福德百分不及一百千万億分乃
數譬喻所不能及

BD01171 妙法蓮華經卷二

（後秦）鳩摩羅什 譯

982.1cm × 25.7cm

妙法蓮華經譬喻品
尒時舍利弗踊躍歡
而白佛言今從世尊聞
未曾有所以者何我昔
菩薩受記作佛而我等
失於如來无量知見世尊我
下若坐若行每作是念我等同入法
來以小乘法而見濟度是我等咎
也所以者何若我等待說所因成就阿
羅三藐三菩提者必以大乘而得度脫
等不解方便隨宜所說初聞佛法遇便信
思惟取證世尊我從昔來終日竟夜每自剋
責而今從佛聞所未聞未曾有法斷諸疑悔

然快得安隱今日乃知真是佛子從

佛口生從法化生得佛法分尒時舍利弗欲

重宣此義而說偈言

我聞是法音 得所未曾有 心懷大歡喜 疑網皆已除

昔來蒙佛教 不失於大乘 佛音甚希有 能除眾生惱

我已得漏盡 聞亦除憂惱 我處於山谷 或在林樹下

若坐若經行 常思惟是事 嗚呼深自責 云何而自欺

我等亦佛子 同入无漏法 不能於未來 演說无上道

金色三十二 十力諸解脫 同共一法中 而不得此事

八十種妙好 十八不共法 如是等功德 而我皆已失

我獨經行時 見佛在大眾 名聞滿十方 廣饒益眾生

自惟失此利 我為自欺誑 我常於日夜 每思惟是事

欲以問世尊 為失為不失 我常見世尊 稱讚諸菩薩

以是於日夜 籌量如是事 今聞佛音聲 隨宜而說法

无漏難思議 令眾至道場 我本著邪見 為諸梵志師

以是於日夜　籌量如是事　今聞佛音聲　隨宜而說法
无漏難思議　令衆至道場　我本著邪見　為諸梵志師
世尊知我心　拔邪說涅槃　我悉除邪見　於空法得證
尒時心自謂　得至於滅度　而今乃自覺　非是實滅度
若得作佛時　具三十二相　天人夜叉衆　龍神等恭敬
是時乃可謂　永盡滅无餘
佛於大衆中　說我當作佛　聞如是法音　疑悔悉已除
初聞佛所說　心中大驚疑　將非魔作佛　惱亂我心邪
佛以種種緣　譬喻巧言說　其心安如海　我聞疑網斷
佛說過去世　无量滅度佛　安住方便中　亦皆說是法
現在未來佛　其數无有量　亦以諸方便　演說如是法
如今者世尊　從生及出家　得道轉法輪　亦以方便說
世尊說實道　波旬无此事　以是我定知　非是魔作佛
我墮疑網故　謂是魔所為　聞佛柔軟音　深遠甚微妙

我定當作佛　為天人所敬　轉无上法輪　教化諸菩薩
尒時佛告舍利弗吾今於天人沙門婆羅門
等大衆中說我昔曾於二万億佛所為无上
道故常教化汝汝亦長夜隨我受學我以方
便引導汝故生我法中舍利弗我昔教汝志
願佛道汝今悉忘而便自謂已得滅度我今
還欲令汝憶念本願所行道故為諸聲聞說
是大乘經名妙法蓮華教菩薩法佛所護念
舍利弗汝於未來世過无量无邊不可思議
劫供養若干千万億佛奉持正法具足菩薩
所行之道當得作佛号曰華光如來應供正
遍知明行足善逝世間解无上士調御丈夫
天人師佛世尊國名離垢其土平正清淨嚴
餝安隱豐樂天人熾盛琉璃為地有八交道

天人師佛世尊國名離垢其土平正清淨嚴
飾安隱豐樂天人熾盛琉璃為地有八交道
黃金為繩以界其側其傍各有七寶行樹常
有華菓華光如来亦以三乘教化衆生舍利
弗彼佛出時雖非惡世以本願故説三乘法
其劫名大寶莊嚴何故名曰大寶莊嚴其国
中以菩薩為大寶故彼諸菩薩无量无邊不
可思議筭數譬喻所不能及非佛智力无能
知者若欲行時寶華承足此諸菩薩非初發
意皆久殖德本於无量百千万億佛所淨脩
梵行恒為諸佛之所稱嘆常脩佛慧具大神
通善知一切諸法之門質直无偽志念堅固
如是菩薩充滿其国
舍利弗華光佛壽十二小劫除為王子未作
弗時其國人民壽八小劫華光如来過十二小

劫授堅滿菩薩阿耨多羅三藐三菩提記告
諸比丘是堅滿菩薩次當作佛号曰華足
安行多陁阿伽度阿羅訶三藐三佛陁其佛
國土亦復如是舍利弗是華光佛滅度之後
正法住世三十二小劫像法住世亦三十二
小劫尒時世尊欲重宣此義而説偈言
舍利弗來世　成佛普智尊　号名曰華光　當度无量衆
供養无數佛　具足菩薩行　十力等功德　證於无上道
過无量劫已　劫名大寶嚴　世界名離垢　清淨无瑕穢
以瑠璃為地　金繩界其道　七寶雜色樹　常有華菓實
彼國諸菩薩　志念常堅固　神通波羅蜜　皆已悉具足
於无數佛所　善學菩薩道　如是等大士　華光佛所化
佛為王子時　棄國捨世榮　於最後末身　出家成佛道
華光佛住世　壽十二小劫　其國人民衆　壽命八小劫
佛滅度之後　正法住於世　三十二小劫　廣度諸衆生

佛爲王子時　棄國捨世榮　於最末後身　出家成佛道
華光佛住世　壽十二小劫　其國人民衆　壽命八小劫
佛滅度之後　正法住於世　三十二小劫　廣度諸衆生
正法滅盡已　像法三十二
舍利廣流布　天人普供養　華光佛所爲　其事皆如是
其兩足聖尊　冣勝无倫匹　彼即是汝身　宜應自欣慶
尒時四部衆比丘比丘尼優婆塞優婆夷天
龍夜叉乾闥婆阿脩羅迦樓羅緊那羅摩睺
羅伽等大衆見舍利弗於佛前受阿耨多羅
三藐三菩提記心大歡喜踊躍无量各各脫
身所著上衣以供養佛釋提桓因梵天王等
與无數天子亦以天妙衣天曼陀羅華摩訶
曼陀羅華等供養於佛所散天衣住虛空中
而自迴轉諸天伎樂百千万種於虛空中一

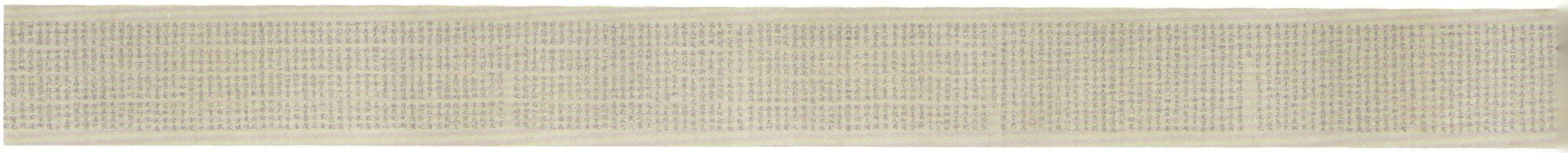

初轉法輪今乃復轉无上最大法輪尒時諸
天子欲重宣此義而說偈言
昔於波羅奈　轉四諦法輪　分別說諸法　五衆之生滅
今復轉最妙　无上大法輪　是法甚深奥　少有能信者
我等從昔來　數聞世尊說　未曾聞如是　深妙之上法
世尊說是法　我等皆隨喜　大智舍利弗　今得受尊記
我等亦如是　必當得作佛　於一切世間　最尊无有上
佛道叵思議　方便隨宜說
我所有福業　今世若過世　及見佛功德　盡迴向佛道
尒時舍利弗白佛言世尊我今无復疑悔親
於佛前得受阿耨多羅三藐三菩提記是諸
千二百心自在者昔住學地佛常教化言我
法能離生老病死究竟涅槃是學无學人亦
各自以離我見及有无見等謂得涅槃而今

各自以離我見及有无見等謂得涅槃而今
於世尊前聞所未聞皆墮疑惑善哉世尊願
為四衆說其因緣令離疑悔
尒時佛告舍利弗我先不言諸佛世尊以種
種因緣譬喻言辭方便說法皆為阿耨多羅
三藐三菩提耶是諸所說皆為化菩薩故然
舍利弗今當復以譬喻更明此義諸有智者
以譬喻得解舍利弗若國邑聚落有大長者
其年衰邁財富无量多有田宅及諸僮僕其
家廣大唯有一門多諸人衆一百二百乃至
五百人止住其中堂閣朽故墻壁頹落柱根
腐敗梁棟傾危周匝俱時欻然火起焚燒舍
宅長者諸子若十二十或至三十在此宅中
長者見是大火從四面起即大驚怖而作是
念我雖能於此所燒之門安隱得出而諸子

等於火宅內樂著嬉戲不覺不知不驚不怖
火来逼身苦痛切己心不猒患无求出意舍
利弗是長者作是思惟我身手有力當以
衣裓若以机案從舍出之復更思惟是舍唯
有一門而復狹小諸子幼稚未有所識戀著
戲處或當墮落為火所燒我當為說怖畏之
事此舍已燒宜時疾出无令為火之所燒害
作是念已如所思惟具告諸子汝等速出父
雖憐愍善言誘喻而諸子等樂著嬉戲不肯
信受不驚不畏了无出心亦復不知何者是火
何者為舍云何為失但東西走戲視父而已
尒時長者即作是念此舍已為大火所燒我
及諸子若不時出必為所焚我今當設方便
令諸子等得免斯害父知諸子先心各有所
好種種珎玩奇異之物情必樂著而告之言

及諸子若不時出必為所焚我今當設方便
令諸子等得免斯害父知諸子先心各有所
好種種珎玩奇異之物情必樂着而告之言
汝等所可玩好希有難得汝若不取後必憂
悔如此種種羊車鹿車牛車今在門外可以
遊戲汝等於此火宅宜速出来隨汝所欲皆
當與汝尒時諸子聞父所說珎玩之物適其
願故心各勇鋭互相推排競共馳走争出火
宅是時長者見諸子等安隱得出皆於四衢
道中露地而坐无復鄣礙其心泰然歡喜踊
躍時諸子等各白父言父先所許玩好之具
羊車鹿車牛車願時賜與
舍利弗尒時長者各賜諸子等一大車其車
高廣衆寶莊挍周匝欄楯四面懸鈴又於其
上張設幰蓋亦以珎奇雜寶而嚴飾之寶繩

垂諸華纓重敷綩綖安置丹枕駕以白
牛膚色充潔形體姝好有大筋力行步平正
其疾如風又多僕從而侍衛之所以者何是
大長者財富无量種種諸藏悉皆充溢而作
是念我財物无極不應以下劣小車與諸子
等今此幼童皆是吾子愛无偏黨我有如是
七寶大車其數无量應當等心各各與之不
宜差別所以者何以我此物周給一國猶尚
不匱何況諸子是時諸子各乘大車得未曾
有非本所望舍利弗扵汝意云何是長者等
與諸子珍寶大車寧有虛妄不舍利弗言不
也世尊是長者但令諸子得免火難全其軀
命非為虛妄何以故若全身命便為已得玩
好之具況復方便扵彼火宅而拔濟之世尊
若是長者乃至不與冣小一車猶不虛妄何

好之具況復方便於彼火宅而拔濟之世尊
若是長者乃至不與最小一車猶不虛妄何
以故是長者先作是意我以方便令子得出
以是因緣无虛妄也何況長者自知財富無
量欲饒益諸子等與大車
佛告舍利弗善哉善哉如汝所言舍利弗如
來亦復如是則為一切世間之父於諸怖畏
衰惱憂患无明闇蔽永盡无餘而悉成就无
量知見力无所畏有大神力及智慧力具足
方便智慧波羅蜜大慈大悲常无懈惓恒求
善事利益一切而生三界朽故火宅為度衆
生生老病死憂悲苦惱愚癡闇蔽三毒之火
教化令得阿耨多羅三藐三菩提見諸衆生
為生老病死憂悲苦惱之所燒煮亦以五欲
財利故受種種苦又以貪著追求故現受衆

苦後受地獄畜生餓鬼之苦若生天上及在人
間貧窮困苦愛別離苦怨憎會苦如是等
種種諸苦衆生没在其中歡喜遊戲不覺不
知不驚不怖亦不生猒不求解脱於此三界
火宅東西馳走雖遭大苦不以爲患舍利弗
佛見此已便作是念我爲衆生之父應拔其
苦難與无量无邊佛智慧樂令其遊戲
舍利弗如来復作是念若我但以神力及智
慧力捨於方便爲諸衆生讃如来知見力无
所畏者衆生不能以是得度所以者何是諸
衆生未免生老病死憂悲苦惱而爲三界火
宅所燒何由能解佛之智慧舍利弗如彼長
者雖復身手有力而不用之但以慇懃方便
免濟諸子火宅之難然後各與珍寶大車如
来亦復如是雖有力无所畏而不用之但以

者雖復身手有力而不用之但以智慧方便
免濟諸子火宅之難然後各與珎寶大車如
來亦復如是雖有力无所畏而不用之但以
智慧方便於三界火宅拔濟衆生為說三乘
聲聞辟支佛佛乘而作是言汝等莫得樂住
三界火宅勿貪麁弊色聲香味觸也若貪著
生愛則為所燒汝速出三界當得三乘聲聞
辟支佛佛乘我今為汝保任此事終不虛也
汝等但當懃脩精進如來以是方便誘進衆
生復作是言汝等當知此三乘法皆是聖所
稱嘆自在无繫无所依求乘此三乘以无漏根
力覺道禪定解脫三昧等而自娛樂便得无
量安隱快樂
舍利弗若有衆生內有智性從佛世尊聞法
信受慇懃精進欲速出三界自求涅槃是名

[illegible]
衆生從佛世尊聞法信受慇懃精進求自然
慧樂獨善寂深知諸法因緣是名辟支佛乘
如彼諸子為求鹿車出於火宅若有衆生從
佛世尊聞法信受懃脩精進求一切智佛智
自然智无師智如來知見力无所畏愍念安
樂无量衆生利益天人度脫一切是名大乘
菩薩求此乘故名為摩訶薩如彼諸子為求
牛車出於火宅舍利弗如彼長者見諸子等
安隱得出火宅到无畏處自惟財冨无量等
以大車而賜諸子如來亦復如是為一切衆
生之父若見无量億千衆生以佛教門出三
界苦怖畏險道得涅槃樂如來尒時便作是
念我有无量无邊智慧力无畏等諸佛法藏
是諸衆生皆是我子等與大乘不令有人獨

念我有无量无邊智慧力无畏等諸佛法藏
是諸衆生皆是我子等與大乘不令有人獨
得滅度皆以如来滅度而滅度之是諸衆生
脫三界者悉與諸佛禪定解脫等娛樂之具
皆是一相一種聖所稱歎能生淨妙第一之
樂舍利弗如彼長者初以三車誘引諸子然
後但與大車寶物莊嚴安隱第一然彼長者
无虛妄之咎如来亦復如是无有虛妄初說
三乘引導衆生然後但以大乘而度脫之何
以故如来有无量智慧力无所畏諸法之藏
能與一切衆生大乘之法但不盡能受舍利
弗以是因緣當知諸佛方便力故於一佛乘
分別說三佛欲重宣此義而說偈言
譬如長者　有一大宅　其宅久故　而復頓弊
堂舍高危　柱根摧朽　梁棟傾斜　基陛隤毀

周鄣屈曲　雜穢充遍　有五百人　止住其中
鵄梟鵰鷲　烏鵲鳩鴿　蚖蛇蝮蠍　蜈蚣蚰蜒
守宮百足　鼬狸鼷鼠　諸惡蟲輩　交橫馳走
屎尿臭處　不淨流溢　蜣蜋諸蟲　而集其上
狐狼野干　咀嚼踐蹋　嚌齧死屍　骨肉狼藉
由是群狗　競來搏撮　飢羸慞惶　處處求食
鬪諍摣掣　啀喍嘷吠　其舍恐怖　變狀如是
處處皆有　魑魅魍魎　夜叉惡鬼　食噉人肉
毒蟲之屬　諸惡禽獸　孚乳產生　各自藏護
夜叉競來　爭取食之　食之既飽　惡心轉熾
鬪諍之聲　甚可怖畏　鳩槃荼鬼　蹲踞土埵
或時離地　一尺二尺　往返遊行　縱逸嬉戲
捉狗兩足　撲令失聲　以腳加頸　怖狗自樂
復有諸鬼　其身長大　裸形黑瘦　常住其中

捉狗兩足　撲令失聲　以脚加頸　怖狗自樂
復有諸鬼　其身長大　裸形黑瘦　常住其中
發大惡聲　叫呼求食　復有諸鬼　其咽如針
復有諸鬼　首如牛頭　或食人肉　或復噉狗
頭髮蓬亂　殘害兇險　飢渴所逼　叫喚馳走
夜叉餓鬼　諸惡鳥獸　飢急四向　窺看窻牖
如是諸難　恐畏无量　是朽故宅　屬于一人
其人近出　未久之間　於後宅舍　忽然火起
四面一時　其焰俱熾　棟梁椽柱　爆聲震裂
摧折墮落　墻壁崩倒　諸鬼神等　揚聲大叫
鵰鷲諸鳥　鳩槃荼等　周慞惶怖　不能自出
惡獸毒蟲　藏竄孔穴　毗舍闍鬼　亦住其中
薄福德故　為火所逼　共相殘害　飲血噉肉
野干之屬　並已前死　諸大惡獸　競來食噉

又諸餓鬼 頭上火然 飢渴熱惱 周慞悶走
其宅如是 甚可怖畏 毒害火災 衆難非一
是時宅主 在門外立 聞有人言 汝諸子等
先因遊戲 来入此宅 稚小无知 歡娛樂着
長者聞已 驚入火宅 方宜救濟 令无燒害
告喻諸子 說衆患難 惡鬼毒虫 灾火蔓莚
衆苦次第 相續不絕 毒虵蚖蝮 及諸夜叉
鳩槃荼鬼 野干狐狗 鵰鷲鵄梟 百足之屬
飢渴惱急 甚可怖畏 此苦難處 況復大火
諸子无知 雖聞父誨 猶故樂着 嬉戲不已
是時長者 而作是念 諸子如此 益我愁惱
今此舍宅 无一可樂 而諸子等 躭湎嬉戲
不受我教 將為火害 即便思惟 設諸方便
告諸子等 我有種種 珍玩之具 妙寶好車

告諸子等　我有種種　珎玩之具　妙寶好車
羊車鹿車　大牛之車　今在門外　汝等出来
吾為汝等　造作此車　隨意所樂　可以遊戲
諸子聞説　如此諸車　即時奔競　馳走而出
到於空地　離諸苦難　長者見子　得出火宅
住於四衢　坐師子座　而自慶言　我今快樂
此諸子等　生育甚難　愚小无知　而入險宅
多諸毒虫　魑魅可畏　大火猛焰　四面俱起
而此諸子　貪樂嬉戲　我已救之　令得脱難
是故諸人　我今快樂
尒時諸子　知父安坐　皆詣父所　而白父言
願賜我等　三種寶車　如前所許　諸子出来
當以三車　隨汝所欲　今正是時　唯垂給與
長者大富　庫藏衆多　金銀琉璃　車𤦲馬瑙

四面懸鈴　金繩交絡　真珠羅網　張施其上
金華諸瓔　處處垂下　衆綵雜飾　周匝圍繞
柔軟繒纊　以為茵蓐　上妙細疊　價直千億
鮮白淨潔　以覆其上　有大白牛　肥壯多力
形體姝好　以駕寶車　多諸儐從　而侍衛之
以是妙車　等賜諸子　諸子是時　歡喜踊躍
乘是寶車　遊於四方　嬉戲快樂　自在无礙
告舍利弗　我亦如是　衆聖中尊　世間之父
一切衆生　皆是吾子　深著世樂　无有慧心
三界无安　猶如火宅　衆苦充滿　甚可怖畏
常有生老　病死憂患　如是等火　熾然不息
如來已離　三界火宅　寂然閑居　安處林野
今此三界　皆是我有　其中衆生　悉是吾子
而今此處　多諸患難　唯我一人　能為救護
雖復教詔　而不信受　於諸欲染　貪著深故

而今此處　多諸患難　唯我一人　能為救護
雖復教詔　而不信受　於諸欲染　貪著深故
以是方便　為說三乘　令諸眾生　知三界苦
開示演說　出世間道　是諸子等　若心決定
具足三明　及六神通　有得緣覺　不退菩薩
汝舍利弗　我為眾生　以此譬喻　說一佛乘
汝等若能　信受是語　一切皆當　成得佛道
是乘微妙　清淨第一　於諸世間　為无有上
佛所悅可　一切眾生　所應稱讚　供養礼拜
无量億千　諸力解脫　禪定智慧　及佛餘法
得如是乘　令諸子等　日夜劫數　常得遊戲
與諸菩薩　及聲聞眾　乘此寶乘　直至道場
以是因緣　十方諦求　更无餘乘　除佛方便
告舍利弗　汝諸人等　皆是吾子　我則是父
汝等累劫　眾苦所燒　我皆濟拔　令出三界
我雖先說　汝等滅度　但盡生死　而實不滅

能一心聽　諸佛實法　諸佛世尊　雖以方便
所化衆生　皆是菩薩　若人小智　深著愛欲
爲此等故　説於苦諦　衆生心喜　得未曾有
佛説苦諦　真實无異　若有衆生　不知苦本
深著苦因　不能暫捨　爲是等故　方便説道
諸苦所因　貪欲爲本　若滅貪欲　无所依止
滅盡諸苦　名第三諦　爲滅諦故　脩行於道
離諸苦縛　名得解脫　是人於何　而得解脫
但離虚妄　名爲解脫　其實未得　一切解脫
佛説是人　未實滅度　斯人未得　无上道故
我意不欲　令至滅度　我爲法王　於法自在
安隱衆生　故現於世　汝舍利弗　我此法印
爲欲利益　世間故説　在所遊方　勿妄宣傳
若有聞者　隨喜頂受　當知是人　阿惟越致

為欲利益　世間故說　在所遊方　勿妄宣傳
若有聞者　隨喜頂受　當知是人　阿惟越致
若有信受　此經法者　是人已曾　見過去佛
恭敬供養　亦聞是法　若人有能　信汝所說
則為見我　亦見於汝　及比丘僧　并諸菩薩
斯法華經　為深智說　淺識聞之　迷惑不解
一切聲聞　及辟支佛　於此經中　力所不及
汝舍利弗　尚於此經　以信得入　況餘聲聞
其餘聲聞　信佛語故　隨順此經　非已智已
又舍利弗　憍慢懈怠　計我見者　莫說此經
凡夫淺識　深著五欲　聞不能解　亦勿為說
若人不信　毀謗此經　則斷一切　世間佛種
或復顰蹙　而懷疑惑　汝當聽說　此人罪報
若佛在世　若滅度後　其有誹謗　如斯經典
見有讀誦　書持經者　輕賤憎嫉　而懷結恨

此人罪報 汝今復聽
其人命終 入阿鼻獄 具足一劫 劫盡更生
如是展轉 至无數劫 從地獄出 當墮畜生
若狗野干 其形頋瘦 黧黮疥癩 人所觸嬈
又復為人 之所惡賤 常困飢渴 骨肉枯竭
生受楚毒 死被瓦石 斷佛種故 受斯罪報
若作駱駝 或生驢中 身常負重 加諸杖捶
但念水草 餘无所知 謗斯經故 獲罪如是
有作野干 來入聚落 身體疥癩 又无一目
為諸童子 之所打擲 受諸苦痛 或時致死
於此死已 更受蟒身 其形長大 五百由旬
聾騃无足 蜿轉腹行 為諸小虫 之所唼食
晝夜受苦 无有休息 謗斯經故 獲罪如是
若得為人 諸根闇鈍 矬陋攣躄 盲聾背傴
有所言說 人不信受 口氣常臭 鬼魅所著

有所言說　人不信受　口氣常臭　鬼魅所著
貧窮下賤　為人所使　多病痟瘦　无所依怙
雖親附人　人不在意　若有所得　尋復忘失
若脩醫道　順方治病　更增他疾　或復致死
若自有病　无人救療　設服良藥　而復增劇
若他反逆　抄劫竊盜　如是等罪　橫羅其殃
如斯罪人　永不見佛　衆聖之王　說法教化
如斯罪人　常生難處　狂聾心亂　永不聞法
於无數劫　如恒河沙　生輒聾瘂　諸根不具
常處地獄　如遊園觀　在餘惡道　如己舍宅
駝驢猪狗　是其行處　謗斯經故　獲罪如是
若得為人　聾盲瘖瘂　貧窮諸衰　以自莊嚴
水腫乾痟　疥癩癰疽　如是等病　以為衣服
身常臭處　垢穢不淨　深著我見　增益瞋恚
婬欲熾盛　不擇禽獸　謗斯經故　獲罪如是

告舍利弗　謗斯經者　若說其罪　窮劫不盡
以是因緣　我故語汝　无智人中　莫說此經
若有利根　智慧明了　多聞強識　求佛道者
如是之人　乃可為說　若人曾見　億百千佛
殖諸善本　深心堅固　如是之人　乃可為說
若人精進　常修慈心　不惜身命　乃可為說
若人恭敬　无有異心　離諸凡愚　獨處山澤
如是之人　乃可為說　又舍利弗　若見有人
捨惡知識　親近善友　如是之人　乃可為說
若見佛子　持戒清潔　如淨明珠　求大乘經
如是之人　乃可為說　若人无瞋　質直柔軟
常愍一切　恭敬諸佛　如是之人　乃可為說
復有佛子　於大眾中　以清淨心　種種因緣
譬喻言辭　說法无礙　如是之人　乃可為說
若有比丘　為一切智　四方求法　合掌頂受

譬喻言辭說法無礙　如是之人　乃可為說
若有比丘　為一切智　四方求法　合掌頂受
但樂受持　大乘經典　乃至不受　餘經一偈
如是之人　乃可為說　如人至心　求佛舍利
如是求經　得已頂受　其人不復　志求餘經
亦未曾念　外道典籍　如是之人　乃可為說
告舍利弗　我說是相　求佛道者　窮劫不盡
如是等人　則能信解　汝當為說　妙法華經
妙法蓮華經信解品第四
爾時慧命須菩提摩訶迦旃延摩訶迦葉摩
訶目揵連從佛所聞未曾有法世尊授舍利
弗阿耨多羅三藐三菩提記發希有心歡喜
踊躍即從座起整衣服偏袒右肩右膝著地
一心合掌曲躬恭敬瞻仰尊顏而白佛言我
等居僧之首年並朽邁自謂已得涅槃無所

堪任不復進求阿耨多羅三藐三菩提世
往昔説法既久我時在座身體疲懈但念空
无相无作於菩薩法遊戲神通淨佛國土成
就衆生心不喜樂所以者何世尊令我等出
於三界得涅槃證又今我等年已朽邁於佛
教化菩薩阿耨多羅三藐三菩提不生一念
好樂之心我等今於佛前聞授聲聞阿耨多
羅三藐三菩提記心甚歡喜得未曾有不謂
於今忽然得聞希有之法深自慶幸獲大善
利无量珎寶不求自得世尊我等今者樂説
譬喻以明斯義譬若有人年既幼稚捨父逃
逝久住他國或十二十至五十歲年既長大
加復窮困馳騁四方以求衣食漸漸遊行遇
向本國其父先來求子不得中止一城其家
大富財寶无量金銀琉璃珊瑚虎珀頗梨珠

大富財寶无量金銀流璃珊瑚虎珀頗梨珠
等其諸倉庫悉皆盈溢多有僮僕臣佐吏民
象馬車乘牛羊无數出入息利乃遍他國商
估賈客亦甚衆多時貧窮子遊諸聚落經
歷國邑遂到其父所止之城父每念子與子
離別五十餘年而未曾向人說如此事但自
思惟心懷悔恨自念老朽多有財物金銀珍
寶倉庫盈溢无有子息一旦終沒財物散失
无所委付是以慇懃憶其子復作是念我若
得子委付財物坦然快樂无復憂慮
世尊尒時窮子傭賃展轉遇到父舍住立門
側遥見其父踞師子牀寶机承足諸婆羅門
剎利居士皆恭敬圍繞以真珠瓔珞價直千
万莊嚴其身吏民僮僕手執白拂侍立左右
覆以寶帳垂諸華幡香水灑地散衆名華

羅列寶物出內取與有如是等種種嚴飾
威德特尊窮子見父有大力勢即懷恐怖悔來
至此竊作是念此或是王或是王等非我傭
力得物之處不如往至貧里肆力有地衣食
易得若久住此或見逼迫強使我作作是念
已疾走而去
時富長者於師子座見子便識心大歡喜即
作是念我財物庫藏今有所付我常思念此
子无由見之而忽自來甚適我願我雖年朽
猶故貪惜即遣傍人急追將還尒時使者疾
走往捉窮子驚愕稱怨大喚我不相犯何為
見捉使者執之逾急強牽將還于時窮子自
念无罪而被囚執此必定死轉更惶怖悶絕躄
地父遙見之而語使言不須此人勿強將
來以冷水灑面令得醒悟莫復與語所以者

地父遙見之而語使言不須此人勿強將
来以冷水灑面令得醒悟莫復與語所以者
何父知其子志意下劣自知豪貴為子所難
審知是子而以方便不語他人云是我子使
者語之我今放汝隨意所趣窮子歡喜得未
曾有從地而起往至貧里以求衣食
尒時長者將欲誘引其子而設方便密遣二
人形色憔悴无威德者汝可詣彼徐語窮子
此有作處倍與汝直窮子若許將来使作若
言欲何所作便可語之雇汝除糞我等二人
亦共汝作時二使人即求窮子既已得之具
陳上事尒時窮子先取其價尋與除糞其
父見子愍而怪之又以他日於窓牖中遙見子
身羸瘦憔悴糞土塵坌汙穢不淨即脫瓔珞
細軟上服嚴飾之具更著麤弊垢膩之衣塵

土坌身右手執持除糞之器狀有所畏語諸
作人汝等懃作勿得懈息以方便故得近其
子後復告言咄男子汝常此作勿復餘去當
加汝價諸有所須瓫器米麵鹽酢之屬莫自
疑難亦有老弊使人須者相給好自安意我
如汝父勿復憂慮所以者何我年老大而汝
少壯汝常作時无有欺怠瞋恨怨言都不見
汝有此諸惡如餘作人自今已後如所生子
即時長者更與作字名之為兒尒時窮子雖
欣此遇猶故自謂客作賤人由是之故於二
十年中常令除糞過是已後心相體信入出
无難然其所止猶在本處世尊尒時長者有
疾自知將死不久語窮子言我今多有金銀
珎寶倉庫盈溢其中多少所應取與汝悉知
之我心如是當體此意所以者何今我與汝便

之我心如是當體此意所以者何今我與汝便
為不異宜加用心无令漏失
尒時窮子即受教勅領知衆物金銀珎寶及
諸庫藏而无悕取一飡之意然其所止故在
本處下劣之心亦未能捨復經少時父知子
意漸已通泰成就大志自鄙先心臨欲終時
而命其子并會親族國王大臣剎利居士皆
悉已集即自宣言諸君當知此是我子我之
所生於某城中捨吾逃走跉跰辛苦五十餘
年其本字某我名某甲昔在本城懷憂推覓
忽於此間遇會得之此實我子我實其父今
我所有一切財物皆是子有先所出內是子
所知世尊是時窮子聞父此言即大歡喜得
未曾有而作是念我本无心有所悕求今此

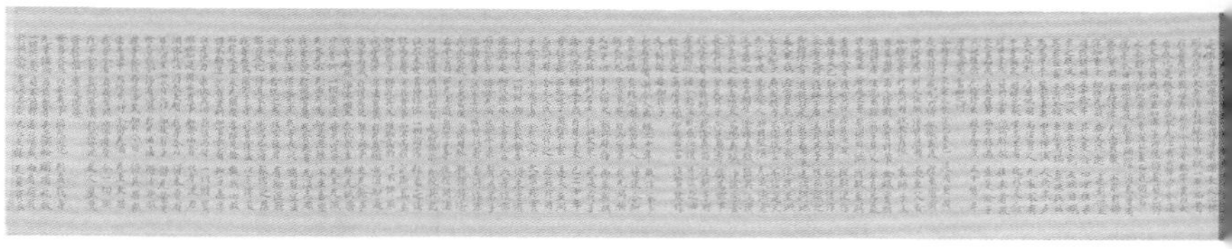

世尊大富長者則是如來我等皆似佛子如
來常説我等爲子世尊我等以三苦故於生
死中受諸熱惱迷惑无知樂著小法今日世
尊令我等思惟蠲除諸法戲論之糞我等於
中懃加精進得至涅槃一日之價既得此已
心大歡喜自以爲足而便自謂於佛法中懃精
進故所得弘多然世尊先知我等心著弊欲
樂於小法便見縱捨不爲分別汝等當有
如來知見寶藏之分世尊以方便力説如來
智慧我等從佛得涅槃一日之價以爲大得
於此大乘无有志求我等又因如來智慧爲
諸菩薩開示演説而自於此无有志願所以
者何佛知我等心樂小法以方便力隨我等
説而我等不知真是佛子今我等方知世尊
於佛智慧无所悋惜所以者何我等昔來真

於佛智慧无所悋惜所以者何我等昔來真
是佛子而但樂小法若我等有樂大之心佛
則為我說大乘法於此經中唯說一乘而昔
於菩薩前毀呰聲聞樂小法者然佛實以大
乘教化是故我等說本无心有所悕求今法
王大寶自然而至如佛子所應得者皆已得
之尒時摩訶迦葉欲重宣此義而說偈言
我等今日　聞佛音教　歡喜踊躍　得未曾有
佛說聲聞　當得作佛　无上寶聚　不求自得
譬如童子　幼稚无識　捨父逃逝　遠到他土
周流諸國　五十餘年　其父憂念　四方推求
求之既疲　頓止一城　造立舍宅　五欲自娛
其家巨富　多諸金銀　車𤦲馬瑙　真珠琉璃
為馬牛羊　輦輿車乘　田業僮僕　人民衆多
出入息利　而遍他國　商估賈人　无處不有

千万億衆　圍繞恭敬　常爲王者　之所愛念
群臣豪族　皆共宗重　以諸緣故　往来者衆
豪冨如是　有大力勢　而年朽邁　益憂念子
夙夜惟念　死時将至　癡子捨我　五十餘年
庫藏諸物　當如之何
尒時窮子　求索衣食　從邑至邑　從國至國
或有所得　或无所得　飢餓羸瘦　體生瘡癬
漸次經歷　到父住城　傭賃展轉　遂至父舍
尒時長者　於其門内　施大寶帳　處師子座
眷屬圍繞　諸人侍衛　或有計筭　金銀寶物
出内財產　注記券疏　窮子見父　豪貴尊嚴
謂是國王　若是王等　驚怖自怪　何故至此
覆自念言　我若久住　或見逼迫　強驅使作
思惟是已　馳走而去　借問貧里　欲往傭作
長者是時　在師子座　遙見其子　嘿而識之

長者是時　在師子座　遙見其子　嘿而識之
即勅使者　追捉將來　窮子驚喚　迷悶躄地
是人執我　必當見殺　何用衣食　使我至此
長者知子　愚癡狹劣　不信我言　不信是父
即以方便　更遣餘人　眇目矬陋　无威德者
汝可語之　云當相雇　除諸糞穢　倍與汝價
窮子聞之　歡喜隨來　為除糞穢　淨諸房舍
長者於牖　常見其子　念子愚劣　樂為鄙事
於是長者　著弊垢衣　執除糞器　往到子所
方便附近　語令懃作　既益汝價　并塗足油
飲食充足　薦席厚煖　如是苦言　汝當懃作
又以軟語　若如我子
長者有智　漸令入出　經二十年　執作家事
示其金銀　真珠頗梨　諸物出入　皆使令知

父知子心 漸已曠大 欲與財物 即聚親族
國王大臣 剎利居士 於此大衆 說是我子
捨我他行 經五十歲 自見子來 已二十年
昔於某城 而失是子 周行求索 遂來至此
凡我所有 舍宅人民 悉以付之 恣其所用
子念昔貧 志意下劣 今於父所 大獲珍寶
并及舍宅 一切財物 甚大歡喜 得未曾有
佛亦如是 知我樂小 未曾說言 汝等作佛
而說我等 得諸無漏 成就小乘 聲聞弟子
佛勑我等 說最上道 修習此者 當得作佛
我承佛教 為大菩薩 以諸因緣 種種譬喻
若干言辭 說無上道 諸佛子等 從我聞法
日夜思惟 精懃脩習 是時諸佛 即授其記
汝於來世 當得作佛 一切諸佛 秘藏之法
但為菩薩 演其實事 而不為我 說斯真要

於未來世　當得作佛　一切諸佛　秘藏之法
但為菩薩　演其實事　而不為我　說斯真要
如彼窮子　得近其父　雖知諸物　心不悕取
我等雖說　佛法寶藏　自无志願　亦復如是
我等內滅　自謂為足　唯了此事　更无餘事
我等若聞　淨佛國土　教化眾生　都无欣樂
所以者何　一切諸法　皆悉空寂　无生无滅
无大无小　无漏无為　如是思惟　不生喜樂
我等長夜　於佛智慧　无貪无著　无復志願
而自於法　謂是究竟　我等長夜　脩習空法
得脫三界　苦惱之患　住冣後身　有餘涅槃
佛所教化　得道不虛　則為已得　報佛之恩
我等雖為　諸佛子等　說菩薩法　以求佛道
而於是法　永无願樂　導師見捨　觀我心故
初不勸進　說有實利　如富長者　知子志劣

佛亦如是 現希有事 知樂小者 以方便力
調伏其心 乃教大智 我等今日 得未曾有
非先所望 而今自得 如彼窮子 得無量寶
世尊我今 得道得果 於無漏法 得清淨眼
我等長夜 持佛淨戒 始於今日 得其果報
法王法中 久脩梵行 今得無漏 無上大果
我等今者 真是聲聞 以佛道聲 令一切聞
我等今者 真阿羅漢 於諸世間 天人魔梵
普於其中 應受供養
世尊大恩 以希有事 憐愍教化 利益我等
無量億劫 誰能報者 手足供給 頭頂禮敬
一切供養 皆不能報 若以頂戴 兩肩荷負
於恒沙劫 盡心恭敬 又以美膳 無量寶衣

BD01172　維摩詰所說經卷上

（後秦）鳩摩羅什　譯

702.5cm × 25cm

除其我慢若在大臣大臣中尊教以正法若在
王子王子中尊示以忠孝若在内官内官中
尊化政宫女若在庶民庶民中尊令興福力
若在梵天梵天中尊誨以勝慧若在帝釋
帝釋中尊示現无常若在護世中尊護諸
衆生長者維摩詰以如是等无量方便饒益
衆生其以方便現身有疾以其疾故國王大
臣長者居士婆羅門等及諸王子并餘官屬
无數千人皆往問疾其往者　摩詰因以身
疾廣為說法諸仁者是无常无強无力无
堅速朽之法不可信也為苦為惱衆病所集
諸仁者如此身明智者所不怙是身如聚沫
不可撮摩是身如泡不得久立是身如

渴愛生是身如芭蕉中無有堅是身如幻
從顛倒起是身如夢為虛妄見是身如影從
業緣現是身如響屬諸因緣是身如浮雲須
臾變滅是身如電念念不住是身无主為如地
是身无我為如火是身无壽為如風是身无
人為如水是身不實四大為家是身為空離
我我所是身无知如草木瓦礫是身无作風
力所轉是身不淨穢惡充滿是身為虛偽雖
假以澡浴衣食必歸磨滅是身為灾百一病
惱是身如丘井為老所逼是身无定為要當
死是身如毒蛇如怨賊如空聚陰界諸入所
共合成諸仁者此可患猒當樂佛身所以者
何佛身者即法身也從无量功德智慧生從
戒定慧解脫解脫知見生從慈悲喜捨生

戒定慧解脫解脫知見生從慈悲喜捨生
從布施持戒忍辱柔和勤行精進禪定解脫三
昧多聞智慧諸波羅蜜生從方便生從六通
生從三明生從卅七道品生從止觀生從十力
四无所畏十八不共法生從斷一切不善法集
一切善法生從真實生從不放逸生從如
是无量清淨法生如來身諸仁者欲得佛
身斷一切衆生病者當發阿耨多羅三藐三
菩提心如是長者維摩詰為諸問疾者如應
說法令无數千人皆發阿耨多羅三藐三菩
提心

弟子品第三

爾時長者維摩詰自念寢疾於牀世尊大慈

寧不垂愍佛知其意即告舍利弗汝行詣維
摩詰問疾舍利弗白佛言世尊我不堪任詣
彼問疾所以者何憶念我昔曾於林中宴坐
樹下時維摩詰來謂我言唯舍利弗不必是
坐為宴坐也夫宴坐者不於三界現身意是
為宴坐不起滅定而現諸威儀是為宴坐
不捨道法而現凡夫事是為宴坐心不住內亦
不在外是為宴坐於諸見不動而脩行卅七
品是為宴坐不斷煩惱而入涅槃是為宴坐
若能如是坐者佛所印可時我世尊聞是語
默然而止不能加報故我不任詣彼問疾
佛告大目揵連汝行詣維摩詰問疾目連白
佛言世尊我不堪任詣彼問疾所以者何憶
念我昔入毗耶離大城於里巷中為諸居士

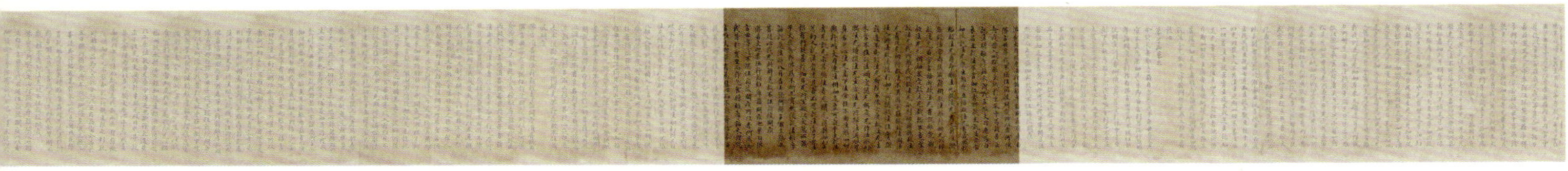

佛告大目揵連汝行詣維摩詰問疾目連白
佛言世尊我不堪任詣彼問疾所以者何憶
念我昔入毗耶離大城於里巷中爲諸居士
說法時維摩詰來謂我言唯大目連爲白
衣居士說法不當如仁者所說夫說法者當
如法說法无衆生離衆生垢故法无有我離我
垢故法无壽命離生死故法无有人前後際
斷故法常寂然滅諸相故法離於相无所緣
故法无名字言語斷故法无有說離覺觀
故法无形相如虛空故法无戲論畢竟空
故法无我所離我所故法无分別離諸識故法
无有比无相待故法不屬因不在緣故法同法
性入諸法故法隨於如无所隨故法住實際

[illegible]
醜法无增損法无生滅法无所歸法過眼耳
鼻舌身心法无高下法常住不動法離一切
觀行唯大目連法相如是豈可說乎夫說法
者无說无示其聽法者无聞无得譬如幻士
為幻人說法當建是意而為說法當了衆生
根有利鈍善於知見无所罣礙以大悲心讚
于大乘念報佛恩不斷三寶然後說法維摩
詰說是法時八百居士發阿耨多羅三藐三
菩提心我无此辯是故不任詣彼問疾
佛告大迦葉汝行詣維摩詰問疾迦葉白佛
言世尊我不堪任詣彼問疾所以者何憶念
我昔於貧里而行乞食時維摩詰來謂我
言唯大迦葉有慈悲心而不能普捨豪富

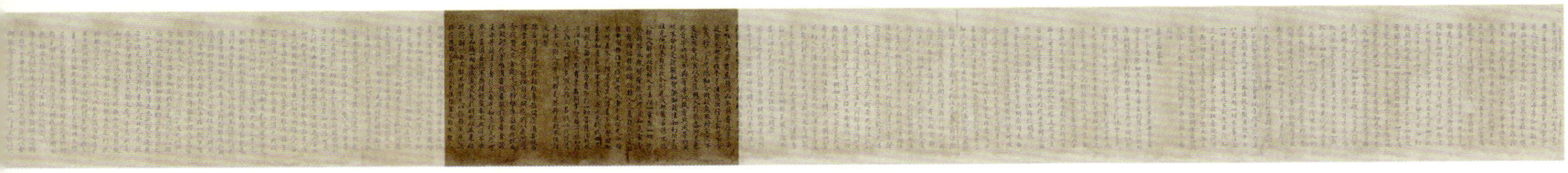

我昔於貧里而行乞食時維摩詰來謂我
言唯大迦葉有慈悲心而不能普捨豪富
從貧乞迦葉住平等法應次行乞食為不食
故應行乞食為壞和合相故應取摶食為不
受故應受彼食以空聚想入於聚落所見色
與盲等所聞聲與響等所齅香與風等所食
味不分別受諸觸如智證知諸法如幻相无自
性无他性本自不然今則无滅迦葉若能不捨
八邪入八解脫以邪相入正法以一食施一切供
養諸佛及衆賢聖然後可食如是食者
非有煩惱非離煩惱非入定意非起定意非
住世間非住涅槃其有施者无大福无小福
不為益不為損是為正入佛道不依聲聞迦
葉若如是食為不空食人之施也時我世尊聞

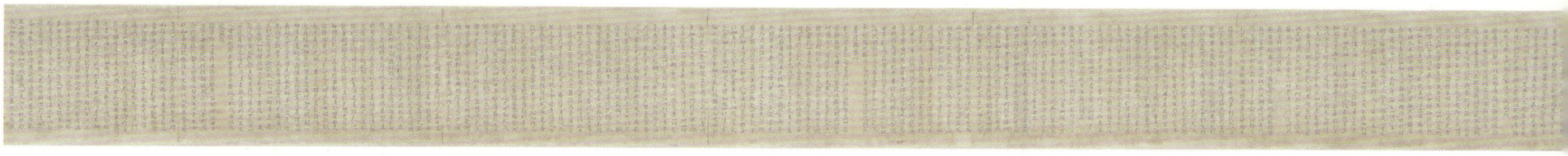

心復作是念斯有家名辯才智慧乃能如是
其誰不發阿耨多羅三藐三菩提心我從是
來不復勸人以聲聞辟支佛行是故不任詣
彼問疾
佛告須菩提汝行詣維摩詰問疾須菩提白
佛言世尊我不堪任詣彼問疾所以者何憶
念我昔入其舍從乞食時維摩詰取我鉢盛
滿飯謂我言唯須菩提若能於食等者諸
法亦等諸法等者於食亦等如是行乞乃可
取食若須菩提不斷婬怒癡亦不與俱不壞
於身而隨一相不滅癡愛起於明脫以五逆相
而得解脫亦不解不縛不見四諦非不見諦
非得果非不得果非凡夫非離凡夫法非聖人非不聖人

非得果非不得果非凡夫非離凡夫法非聖人非不聖人
雖成就一切法而離諸法相乃可取食若須
菩提不見佛不聞法彼外道六師富蘭那
迦葉末伽梨拘賒梨子删闍夜毗羅胝子阿
耆多翅舍欽婆羅迦羅鳩䭾迦旃延尼揵陀
若提子等是汝之師因其出家彼師所墮
汝亦隨墮乃可取食若須菩提入諸邪見不
到彼岸住於八難不得无難同於煩惱離清
淨法汝得无諍三昧一切衆生亦得是定其施
汝者不名福田供養汝者墮三惡道為與衆
魔共一手作諸勞侶汝與衆魔及諸塵勞
等无有異於一切衆生而有怨心謗諸佛毀於
法不入衆數終不得滅度汝若如是乃可取
食時我世尊聞此語茫然不識是何言不

[illegible]
菩提取鉢勿懼於意云何如来所作化人若
以是事詰寧有懼不我言不也維摩詰言
一切諸法如幻化相汝今應有所懼也所以
者何一切言說不離是相至於智者不著文
字故无所懼何以故文字性離无有文字是
則解脫解脫相者則諸法也維摩詰說是
法時二百天子得法眼淨故我不任詣彼問疾
佛告富樓那弥多羅尼子汝行詣維摩詰問
疾富樓那白佛言世尊我不堪任詣彼問疾
所以者何憶念我昔於大林中在一樹下為
諸新學比丘說法時維摩詰来謂我言唯富
樓那先當入定觀此人心然後說法无以穢
食置於寶器當知是比丘心之所念无以瑠

BD01172　維摩詰所說經卷上

食置於寶器當知是比丘心之所念无以瑠
璃同彼水精汝不能知衆生根源无得發起
以小乘法彼自无瘡勿傷之也欲行大道莫
示小徑无以大海内於牛跡无以日光等彼
螢火富樓那此比丘久發大乘心中忘此意
如何以小乘法而教導之我觀小乘智慧微
淺猶如盲人不能分別一切衆生根之利鈍
時維摩詰即入三昧令此比丘自識宿命曾於
五百佛所殖衆德本迴向阿耨多羅三藐三
菩提即時豁然還得本心於是諸比丘稽
首礼維摩詰足時維摩詰因爲說法於阿
耨多羅三藐三菩提不復退轉我念聲聞不
觀人根不應說法是故不任詣彼問疾
佛告摩訶迦旃延汝行詣維摩詰問疾

何憶念昔者佛為諸比丘略說法要我即於
後敷演其義謂无常義苦義空義无我
義寂滅義時維摩詰來謂我言唯迦旃延
无以生滅心行說實相法迦旃延諸法畢竟不生
不滅是无常義五受陰洞達空无所起是苦
義諸法究竟无所有是空義於我无我而不
二是无我義法本不然今則无滅是寂滅義說
是法時彼諸比丘心得解脫故我不任詣彼問疾
佛告阿那律汝行詣維摩詰問疾阿那律白
佛言世尊我不堪任詣彼問疾所以者何憶
念我昔於一處經行時有梵王名曰嚴淨
與万梵俱放淨光明來詣我所稽首作礼問
我言幾何阿那律天眼所見我即答言仁者吾

我言幾何阿那律天眼所見我即荅言仁者吾
見此釋迦牟尼佛土三千大千世界如觀掌
中阿摩勒菓時維摩詰来謂我言唯阿那律
天眼所見為作相耶无作相耶假使作相則
與外道五通等若无作相即是无為不應
有見世尊我時默然彼諸梵聞其言得未曾
有即為作礼而問曰世孰有真天眼者維摩
詰言有佛世尊得真天眼常在三昧悉見諸佛
國不以二相於是嚴淨梵王及其眷屬五百梵
天皆發阿耨多羅三藐三菩提心礼維摩詰
足已忽然不現故我不任詣彼問疾

佛告優波離汝行詣維摩詰問疾優波離
白佛言世尊我不堪任詣彼問疾所以者何

[illegible]
敢問佛願解疑悔得免斯咎我即為其如法
解說時維摩詰來謂我言唯優波離无重
增此二比丘罪當直除滅勿擾其心所以者何
彼罪性不在内不在外不在中間如佛所說
心垢故衆生垢心淨故衆生淨心亦不在内
不在外不在中間如其心然罪垢亦然諸法
亦然不出於如如優波離以心相得解脫時
寧有垢不我言不也維摩詰言一切衆生心
相无垢亦復如是唯優波離妄想是垢无妄
想是淨顛倒是垢无顛倒是淨取我是垢
不取我是淨優波離一切法生滅不住如幻如
電諸法不相待乃至一念不住諸法皆妄見
如夢如焰如水中月如鏡中像以妄想生其

如夢如焰如水中月如鏡中像以妄想生其
知此者是名奉律其知此者是名善解於是
二比丘言上智哉是優波離所不及持律
之上而不能說我荅言自捨如來未有聲聞
及菩薩能制其樂說之辯其智慧明達爲若
此也時二比丘疑悔即除發阿耨多羅三藐三
菩提心作是願言令一切衆生皆得是辯故
我不任詣彼問疾
佛告羅睺羅汝行詣維摩詰問疾羅睺羅
白佛言世尊我不堪任詣彼問疾所以者何
憶念昔時毗耶離諸長者子來詣我所稽首
作礼問我言唯羅睺羅汝佛之子捨轉輪王
位出家爲道其出家者有何等利我即如法

无功德是為出家有為法者可說有利有功
德夫出家者為无為法无為法中无利无功
德羅睺羅夫出家者无彼无此亦无中間離
六十二見處於涅槃智者所受聖所行處降
伏衆魔度五道淨五眼得五力立五根不惱
於彼離衆雜惡摧諸外道超越假名出淤泥
无繫著无我所无所受无擾亂內懷喜護彼
意隨禪定離衆過若能如是是真出家於
是維摩詰語諸長者子汝等於正法中宜共
出家所以者何佛世難值諸長者子言居士
我聞佛言父母不聽不得出家維摩詰言然汝
等便發阿耨多羅三藐三菩提心是即出家
是即具足尒時卅二長者子皆發阿耨多

是即具足尒時世二長者子皆發阿耨多
羅三藐三菩提心故我不任詣彼問疾
佛告阿難汝行詣維摩詰問疾阿難白佛言
世尊我不堪任詣彼問疾所以者何憶念昔
時世尊身小有疾當用牛乳我即持鉢詣大
婆羅門家門下立時維摩詰來謂我言唯阿
難何爲晨朝持鉢住此我言居士世尊身小
有疾當用牛乳故來至此維摩詰言止止阿
難莫作是語如來身者金剛之體諸惡已斷
衆善普會當有何疾當有何惱默往阿
難勿謗如來莫使異人聞此麁言无令大威德
諸天及他方淨土諸來菩薩得聞斯語阿難
轉輪聖王以少福故尚得无病豈況如來无量

則世外道梵志若聞此語當作是念何名為
師自疾不能救而能救諸疾人可密速去勿使
人聞當知阿難諸如来身即是法身非思欲
身佛為世尊過於三界佛身无漏諸漏已盡
佛身无為不墮諸數如此之身當有何疾時
我世尊實懷慚愧得无近佛而謬聽耶即聞
空中聲曰阿難如居士言但為佛出五濁惡
世現行斯法度脫衆生行矣阿難取乳勿慚
世尊維摩詰智慧辯才為若此也是故不任
詣彼問疾如是五百大弟子各各向佛說其
本緣稱述維摩詰所言皆曰不任詣彼問疾

菩薩品第四

於是佛告彌勒菩薩汝行詣維摩詰問疾
彌勒白佛言世尊我不堪任詣彼問疾所以者

BD01172　維摩詰所説經卷上

弥勒白佛言世尊我不堪任詣彼問疾所以者
何憶念我昔為兠率天王及其眷屬説不退
轉地之行時維摩詰來謂我言弥勒世尊授
仁者記一生當得阿耨多羅三藐三菩提為
用何生得受記乎過去耶未來耶現在耶若
過去生過去生已滅若未來生未來生未至
若現在生現在生无住如佛所説比丘汝今
即時亦生亦老亦滅若以无生得受記者无
生即是正位於正位中亦无受記亦无得阿
耨多羅三藐三菩提云何弥勒受一生記乎
為從如生得受記耶為從如滅得受記耶若
以如生得受記者如无有生若以如滅得受
記者如无有滅一切衆生皆如也一切法亦
如也衆賢聖亦如也至於弥勒亦如也若弥

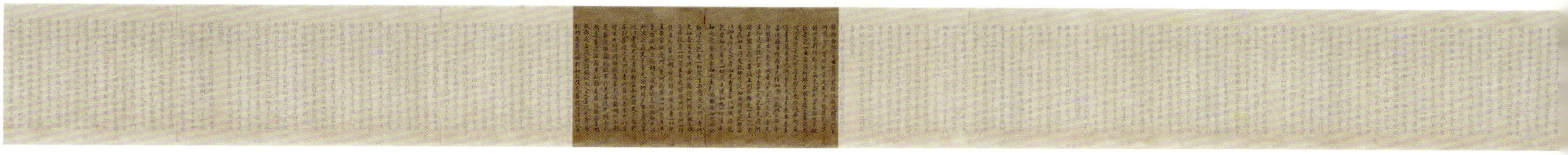

勒得受記者一切衆生亦應受記所以者何
夫如者不二不異若弥勒得阿耨多羅三藐
三菩提者一切衆生亦應皆得所以者何一切
衆生即菩提相若弥勒得滅度者一切衆
生亦當滅度所以者何諸佛知一切衆生畢
竟寂滅即涅槃相不復更滅是故弥勒无以
此法誘諸天子實无發阿耨多羅三藐三菩
提心者亦无退者弥勒當令此諸天子捨於
分别菩提之見所以者何菩提者不可以身
得不可以心得寂滅是菩提滅諸相故不觀
是菩提離諸緣故不行是菩提无憶念故
斷是菩提捨諸見故離是菩提離諸妄想
故鄣是菩提鄣諸願故不入是菩提无貪著
故順是菩提順於如故住是菩提住法性故至

故順是菩提順於如故住是菩提住法性故至
是菩提至實際故不二是菩提離意法故等
是菩提等虛空故无爲是菩提无生住滅故
智是菩提了衆生心行故不會是菩提諸入不
會故不合是菩提離煩惱習故无處是菩
提无形色故假名是菩提名字空故如化是
菩提无取捨故无亂是菩提常自靜故善寂
是菩提性清淨故无取是菩提離攀緣故无異
是菩提諸法等故无比是菩提无可喻故微
妙是菩提諸法難知故世尊維摩詰說是法
時二百天子得无生法忍故我不任詣彼問疾。
佛告光嚴童子汝行詣維摩詰問疾光嚴
白佛言世尊我不堪任詣彼問疾所以者何
憶念我昔出毗耶離大城時維摩詰方入城

吾從道場来我問道場者何所是荅曰直
心是道場无虚假故發行是道場能辦事故
深心是道場增益功徳故菩提心是道場无錯
謬故布施是道場不望報故持戒是道場得願
具故忍辱是道場於諸衆生心无礙故精進
是道場不懈退故禪定是道場心調柔故智
慧是道場現見諸法故慈是道場等衆生
故悲是道場忍疲苦故喜是道場悦樂法故捨
是道場憎愛斷故神通是道場成就六通故
解脱是道場能背捨故方便是道場教化
衆生故四攝是道場攝衆生故多聞是道場
如聞行故伏心是道場正觀諸法故卅七品是
道場捨有為法故諦是道場不誑世間故縁

道塲捨有為法故諦是道塲不誑世間故緣
起是道塲无明乃至老死皆无盡故諸煩惱
是道塲知如實故衆生是道塲知无我故一
切法是道塲知諸法空故降魔是道塲不傾
動故三界是道塲无所趣故師子吼是道塲
无所畏故力无畏不共法是道塲无諸過故
三明是道塲无餘礙故一念知一切法是道
塲成就一切智故如是善男子菩薩若應
諸波羅蜜教化衆生諸有所作舉足下足當知
皆從道塲來住於佛法矣說是法時五百天
人皆發阿耨多羅三藐三菩提心故我不任詣
彼問疾
佛告持世菩薩汝行詣維摩詰問疾持世白

念我昔住於靜室時魔波旬從万二千天女
狀如帝釋鼓樂絃歌来詣我所與其眷屬稽
首我足合掌恭敬於一面立我意謂是帝釋
而語之言善来憍尸迦雖福應有不當自恣
當觀五欲无常以求善本於身命財而脩堅
法即語我言正士受是万二千天女可備掃
灑我言憍尸迦无以此非法之物要我沙門
釋子此非我宜所言未訖維摩詰来謂我言
非帝釋也是為魔来嬈固汝耳即語魔言是諸
女等可以與我如我應受魔即驚懼念維
摩詰将无惱我欲隱形去而不能隱盡其神
力亦不得去即聞空中聲曰波旬以女與之
乃可得去魔以畏故俛仰而與尒時維摩詰
語諸女言魔以汝等與我今汝皆當發阿耨

BD01172　維摩詰所説經卷上

語諸女言魔以汝等與我今汝皆當發阿耨
多羅三藐三菩提心即隨所應而為說法令
發道意復言汝等已發道意有法樂可以自
娛不應復樂五欲樂也天女即問何謂法樂
答言樂常信佛樂欲聽法樂供養眾樂離
五欲樂觀五陰如怨賊樂觀四大如毒蛇樂觀
內入如空聚樂隨護道意樂饒益眾生樂敬
養師樂廣行施樂堅持戒樂忍辱柔和樂勤
集善根樂禪定不亂樂離垢明慧樂廣菩
提心樂降伏眾魔樂斷諸煩惱樂淨佛國土
樂成就相好故脩諸功德樂莊嚴道場樂聞
深法不畏樂三脫門不樂非時樂近同學樂於
非同學中心无恚礙樂將護惡知識樂近善知
識樂心喜清淨樂脩无量道品是為菩

天宮諸女言以我等與此居士有法樂我等
甚樂不復樂於五欲樂也魔言居士可捨此女
一切所有施於彼者是為菩薩維摩詰言我
以捨矣汝便將去令一切衆生得法願具足
於是諸女問維摩詰我等云何止於魔宮維
摩詰言諸姊有法門名无盡燈汝等當學
无盡燈者譬如一燈然百千燈冥者皆明明
終不盡如是諸姊夫一菩薩開導百千衆生令
發阿耨多羅三藐三菩提心於其道意亦不滅
盡隨所說法而自增益一切善法是名无盡
燈也汝等雖住魔宮以是无盡燈令无數
天子天女發阿耨多羅三藐三菩提心者為
報佛恩亦大饒益一切衆生尒時天女頭面礼

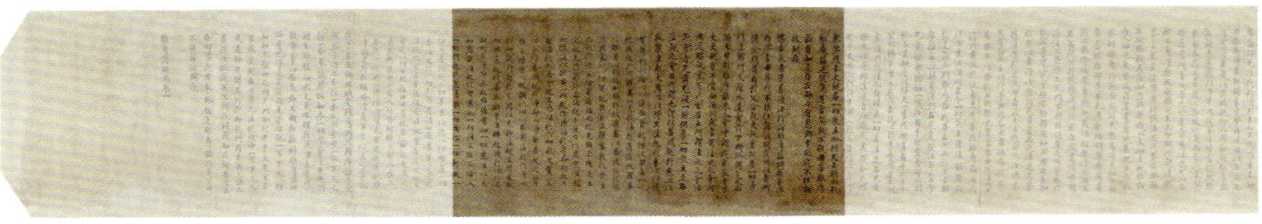

敬佛恩亦大饒益一切衆生尒時天女頭面礼
維摩詰足隨魔還宫忽然不現世尊維摩
詰有如是自在神力智慧辯才故我不任詣
彼問疾
佛告長者子善德汝行詣維摩詰問疾善德
白佛言世尊我不堪任詣彼問疾所以者何
憶念我昔自於父舍設大施會供養一切沙
門婆羅門及諸外道貧窮下賤孤獨乞人期
滿七日時維摩詰來入會中謂我言長者子
夫大施會不當如汝所設當爲法施之會何
用是財施會爲我言居士何謂法施之會法
施會者无前无後一時供養一切衆生是名
法施之會曰何謂也謂以菩提起於慈心以
救衆生起大悲心以持

犯戒起尸波羅蜜以无我法起羼提波羅蜜
以離身心相起毗梨耶波羅蜜以菩提相起禪
波羅蜜以一切智起般若波羅蜜教化衆生
而起於空不捨有爲法而起无相示現受生
而起无作護持正法起方便力以度衆生起
四攝法以敬事一切起除慢法於身命財起三
堅法於六念中起思念法於六和敬起質直
心正行善法起於淨命心淨歡喜起近賢
聖不憎惡人起調伏心以出家法起於深心
以如說行起於多聞以无諍法起空閑處趣
向佛慧起於宴坐解衆生縛起脩行地以具
相好及淨佛土起福德業知一切衆生心念
如應說法起於智業知一切法不取不捨入
一相門起於慧業斷一切煩惱一切鄣㝵一

一相門起於慧業斷一切煩惱一切鄣礙一
切不善法起一切善業以得一切智慧一切
善法起於一切助佛道法如是善男子是爲
法施之會若菩薩住是法施會者爲大施主
亦爲一切世間福田世尊維摩詰說是法時
婆羅門衆中二百人皆發阿耨多羅三藐三
菩提心我時心得清淨嘆未曾有稽首礼維
摩詰足即解瓔珞價直百千以上之不肯取
我言居士願必納受隨意所與維摩詰乃受
瓔珞分作二分持一分施此會中一最下乞人
持一分奉彼難勝如來一切衆會皆見光明
國土難勝如来又見珠瓔在彼佛上變成
四柱寶臺四面嚴飾不相鄣蔽時維摩詰現

果報是則名曰具足法施城中一最下乞人
見是神力聞其所說即發阿耨多羅三藐三
菩提心故我不任詣彼問疾如是諸菩薩各
各向佛說其本緣稱述維摩詰所言皆曰
不任詣彼問疾

維摩詰經卷第一

維摩詰經卷第一

BD01172　維摩詰所說經卷上　（16–16）

BD01173　妙法蓮華經卷六

（後秦）鳩摩羅什 譯

157.2cm × 26cm

令當說其福
後生天人中　得為馬妙車　珎寶之輦轝　及乘天宮殿
若於講法處　勸人坐聽經　是福因緣得　釋梵轉輪座
何況一心聽　解說其義趣　如說而脩行　其福不可量

妙法蓮華經法師功德品第十九

尒時佛告常精進菩薩摩訶薩若善男子善
女人受持是法華經若讀若誦若解說若
書寫是人當得八百眼功德千二百耳功德八
百鼻功德千二百舌功德八百身功德千二百意
功德以是功德莊嚴六根皆令清淨是善男子
善女人父母所生清淨肉眼見於三千大千世界
內外所有山林河海下至阿鼻地獄上至有頂

爾時世尊欲重宣此義而說偈言
若於大衆中　以无所畏心　說是法華經　汝聽其功德
是人得八百　功德殊勝眼　以是莊嚴故　其目甚清淨
父母所生眼　悉見三千界　内外弥樓山　須弥及鐵圍
并諸餘山林　大海江河水　下至阿鼻獄　上至有頂處
其中諸衆生　一切皆悉見　雖未得天眼　肉眼力如是
復次常精進若善男子善女人受持此經若
讀若誦若解說若書寫得千二百耳功德以
是清淨耳聞三千大千世界下至阿鼻地獄上
至有頂其中内外種種語言音聲象聲馬聲
牛聲車聲啼哭聲愁歎聲螺聲鼓聲鍾聲
鈴聲笑聲語聲男聲女聲童子聲童女聲法
聲非法聲苦聲樂聲凡夫聲聖人聲喜聲不
喜聲天聲龍聲夜叉聲乾闥婆聲阿修羅聲

聲非法聲苦聲樂聲凡夫聲聖人聲喜聲不
喜聲天聲龍聲夜叉聲乾闥婆聲阿脩羅聲
迦樓羅聲緊那羅聲摩睺羅伽聲火聲水聲
風聲地獄聲畜生聲餓鬼聲比丘聲比丘尼聲
聲聞聲辟支佛聲菩薩聲佛聲以要言之三
千大千世界中一切內外所有諸聲雖未得
天耳以父母所生清淨常耳皆悉聞知如是
分別種種音聲而不壞耳根尒時世尊欲重
宣此義而說偈言

父母所生耳　清淨无濁穢　以此常耳聞　三千世界聲
象馬車牛聲　鍾鈴螺鼓聲　琴瑟箜篌聲　簫笛之音聲
清淨好歌聲　聽之而不著　无數種人聲　聞悉能解了
又聞諸天聲　微妙之歌音　及聞男女聲　童男童女聲
山川嶮谷中　迦陵頻伽聲　命命等諸鳥　悉聞其音聲

地獄衆苦痛　種種楚毒聲　餓鬼飢渴逼
諸阿脩羅等　居在大海邊　自共言語時　出于大音聲
如是說法者　安住於此間　遥聞是衆聲　而不壞耳根
十方世界中　禽獸鳴相呼　其說法之人　於此悉聞之
其諸梵天上　光音及遍淨　乃至有頂天　言語之音聲
法師住於此　悉皆得聞之　一切比丘衆　及諸比丘尼
若讀誦經典　若為他人說　法師住於此　悉皆得聞之
復有諸菩薩　讀誦於經法　若為他人說　撰集解其義
如是諸音聲　悉皆得聞之　諸佛大聖尊　教化衆生者
於諸大衆中　演說微妙法　持此法華者　悉皆得聞之
三千大千界　内外諸音聲　下至阿鼻獄　上至有頂天
皆聞其音聲　而不壞耳根　其耳聰利故　悉能分別知
持是法華者　雖未得天耳　但用所生耳　功德已如是
復次常精進若善男子善女人受持是經若讀

復次常精進若善男子善女人受持是經若
讀若誦若解說若書寫成就八百鼻功德以是
清淨鼻根聞於三千大千世界上下內外種種
諸香須曼那華香闍提華香末利華香瞻蔔
華香波羅羅華香赤蓮華香青蓮華香白
蓮華香華樹香菓樹香栴檀香沉水香多摩
羅跋香多伽羅香及千万種和香若末若丸
若塗香持是經者於此間住悉能分別又復
別知衆生之香象香馬香牛羊等香男香
女香童子香童女香及草木叢林香若近若
遠所有諸香悉皆得聞分別不錯持是經者
雖住於此亦聞天上諸天之香波利質多羅拘
鞞陀羅樹香及曼陀羅華香摩訶曼陀羅華

出之香无不聞知又聞諸天身香釋提桓因
在勝殿上五欲娛樂嬉戲時香若在妙法堂
上為忉利諸天說法時香若於諸園遊戲時
香及餘天等男女身香皆悉遙聞如是展轉
乃至梵世上至有頂諸天身香亦皆聞之并
聞諸天所燒之香及聲聞香辟支佛香菩薩
香諸佛身香亦皆遙聞知其所在雖聞此香
然於鼻根不壞不錯若欲分別為他人說憶
念不謬尒時世尊欲重宣此義而說偈言

是人鼻清淨　於此世界中　若香若臭物　種種悉聞知
須曼那闍提　多摩羅栴檀　沉水及桂香　種種華菓香
及知衆生香　男子女人香　說法者遠住　聞香知所在
大勢轉輪王　小轉輪及子　群臣諸宮人　聞香知所在

及知衆生香 男子女人香 說法者遠住 聞香知所在
大勢轉輪王 小轉輪及子 群臣諸宮人 聞香知所在
身所著珎寶 及地中寶藏 轉輪王寶女 聞香知所在
諸人嚴身具 衣服及瓔珞 種種所塗香 聞則知其身
諸天若行坐 遊戲及神變 持是法華者 聞香悉能知
諸樹華菓實 及蘇油香氣 持經者住此 悉知其所在
諸山深嶮處 栴檀樹華敷 衆生在中者 聞香皆能知
鐵圍山大海 地中諸衆生 持經者聞香 悉知其所在
阿脩羅男女 及其諸眷屬 鬪諍遊戲時 聞香皆能知
曠野嶮隘處 師子象虎狼 野牛水牛等 聞香知所在
[illegible]妊者 [illegible]辯其男女 无根及非人 聞香悉能知

BD01174　無量壽宗要經（甲本）

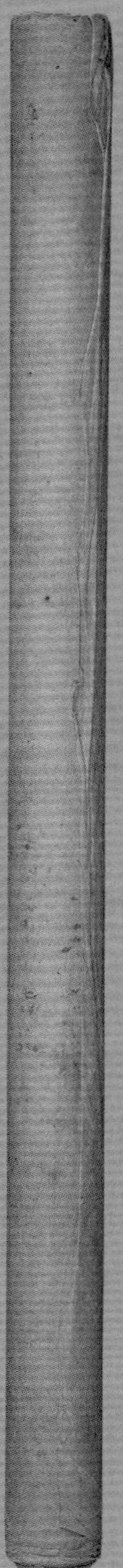

172cm × 31.5cm

大乘无量壽經

如是我聞一時薄伽梵在舍衛國祇樹給孤獨園與大苾蒭僧千二百五十人大菩薩
摩訶薩衆俱同會坐尒時世尊告曼殊室利童子曼殊上方有世界名无量功德
聚彼土有佛号无量智決定王如來阿耨多羅三藐三菩提現為衆生開示說法曼
殊諦聽南閻浮提人皆短壽大限百年於中夭狂橫死者衆曼殊如是无量壽如來功
德名稱法要若有衆生得聞名号若自書或使人書能為卷經受持讀誦若於舍宅
所住之處以種種花鬘瓔珞塗香末香而為供養如其命盡復得延年滿足百歲如是
曼殊若有衆生得聞是无量壽決定王如來一百八名号者益其長壽若有衆生大命
將盡億念如來名号便得增壽如是曼殊若有善男子善女人欲求長壽於是无量壽
如是一百八名号有得聞者或自書若使人書受持讀誦得如是善果報福德具足陁羅尼
曰南謨薄伽勃底 阿波唎蜜多 阿喻紇硯娜 須毗你尸指多 囉佐耶 怛他羯他耶 怛
姪他 唵 薩婆桒悉迦囉 波唎輸底 達磨底 伽迦娜 莎桒特迦底 薩婆婆毗輸底
摩訶娜耶 波唎婆囉莎訶 世尊復告曼殊室利如是如來百八名号若有自書或
使人書為經卷受持讀誦如壽命盡復滿百年壽終此身後得往生无量福智世界
无量壽淨土陁羅尼曰 南謨薄伽勃底 阿波唎蜜多 阿喻紇硯娜 須毗你尸指多

无量壽决定王如來名曰 南謨薄伽勃底 阿波唎蜜多 阿喻紇硯娜 須毗你失指多
囉佐耶 怛他羯他耶 怛姪他唵 薩婆桑悉迦底 波唎輸底 達磨底 伽迦娜 莎呵
其特迦底 薩婆婆毗輸底 摩訶娜耶 波唎婆嚟莎呵
尒時有九十九殑佛等一時同聲說是无量壽宗要經陀羅尼曰
南謨薄伽勃底 阿波唎蜜多 阿喻紇硯娜 須毗你失指多囉佐耶 怛他羯他耶 怛
姪他唵 薩婆桑悉迦囉 波唎輸底 達磨底 伽迦娜 莎呵其特迦底 薩婆婆毗
輸底 摩訶娜耶 波唎婆嚟莎呵 尒時復有一百四殑佛一時同聲說是无量壽宗
要經陀羅尼曰 南謨薄伽勃底 阿波唎蜜多 阿喻紇硯娜 須毗你失指多囉佐耶
怛他羯他耶 怛姪他唵 薩婆桑悉迦囉 波唎輸底 達磨底 伽迦娜 莎呵其特迦
底 薩婆婆毗輸底 摩訶娜耶 波唎婆嚟莎呵 尒時復有七殑佛一時同聲
說是无量壽宗要經陀羅尼曰 南謨薄伽勃底 阿波唎蜜多 阿喻紇硯娜
須毗你失指多囉佐耶 怛他羯他耶 怛姪他唵 薩婆桑悉迦囉 波唎輸底 達磨底
伽迦娜 莎呵其特迦底 薩婆婆毗輸底 摩訶娜耶 波唎婆嚟莎呵
尒時復有六十五殑佛一時同聲說是无量壽宗要經陀羅尼曰
南謨薄伽勃底 阿波唎蜜多 阿喻紇硯娜 須毗你失指多囉佐耶 怛他羯他耶 怛姪他
唵 薩婆桑悉迦囉 波唎輸底 達磨底 伽迦娜 莎呵其特迦底 薩婆婆毗輸底 十三
摩訶娜耶 波唎婆嚟莎呵 尒時復有五十五殑佛一時同聲說是无量壽宗要經

摩訶娜耶　波唎婆囇莎訶　尒時復有五十五姟佛一時同聲說是无量壽宗要經
陁羅尼曰　南謨薄伽勃底　阿波唎蜜多　阿喻紇硯娜　須毗你尸指多　囉佐耶　怛他羯他
耶　怛姪他唵　薩婆桒悉迦囉　波唎婆囇莎訶　達磨底　伽迦娜　莎訶某特迦底
薩婆婆毗輸底　摩訶娜耶　波唎婆囇莎訶　尒時復有四十五娜佛一時同聲說
是无量壽宗要經陁羅尼曰　南謨薄伽勃底　阿波唎蜜多　阿喻紇硯娜　須毗
你尸指多　囉佐耶　怛他羯他耶　怛姪他唵　薩婆桒悉迦囉　波唎輸底　達磨底
伽迦娜　莎訶某特迦底　薩婆婆毗輸底　摩訶娜耶　波唎婆囇莎訶
尒時復有三十六姟佛一時同聲說是无量壽宗要經陁羅尼曰
南謨薄伽勃底　阿波唎蜜多　阿喻紇硯娜　須毗你尸指多　囉佐耶　怛他羯他耶　怛姪
他唵　薩婆桒悉迦囉　波唎輸底　達磨底　伽迦娜　莎訶某特迦底　薩婆婆毗輸
底　摩訶娜耶　波唎婆囇莎訶　尒時復有二十五姟佛一時同聲說是无量壽
宗要經陁羅尼曰　南謨薄伽勃底　阿波唎蜜多　阿喻紇硯娜　須毗你尸指多　囉
佐耶　怛他羯他耶　怛姪他唵　薩婆桒悉迦囉　波唎輸底　達磨底　伽迦娜　莎
訶某特迦底　薩婆婆毗輸底　摩訶娜耶　波唎婆囇莎訶
尒時復有恒河沙姟佛一時同聲說是无量壽宗要經陁羅尼曰
南謨薄伽勃底　阿波唎蜜多　阿喻紇硯娜　須毗你尸指多　囉佐耶　怛他羯他

南謨薄伽勃底 阿波唎蜜多 阿喻紇硯娜 須毗你尸指多 囉佐耶 怛他羯他
耶 怛姪他唵 薩婆桑悉迦囉 波唎輸底 達磨底 伽迦娜 莎呵某特迦底
薩婆婆毗輸底 摩訶娜耶 波唎婆嚟莎呵 善男子若有自書寫教人書寫
是无量壽宗要經如其命盡復得長壽而滿年陁羅尼曰 南謨薄伽勃底 阿波
唎蜜多 阿喻紇硯娜 須毗你尸指多 囉佐耶 怛他羯他耶 怛姪他唵 薩婆桑悉迦囉
波唎輸底 達磨底 伽迦娜 莎呵某特迦底 薩婆婆毗輸底 摩訶娜耶 波唎婆
嚟莎呵 若有自書寫教人書寫是无量壽宗要經讀誦受持畢竟不墮地獄在在所生得
宿命智陁羅尼曰 南謨薄伽勃底 阿波唎蜜多 阿喻紇硯娜 須毗你尸指多 囉佐耶 三
怛他羯他耶 怛姪他唵 薩婆桑悉迦囉 波唎輸底 達磨底 伽迦娜 莎呵某特迦底 薩婆
婆毗輸底 摩訶娜耶 波唎婆嚟莎呵
若有自書寫教人書寫是无量壽宗要經受持讀誦如同書寫八万四千一切經典陁羅尼曰
南謨薄伽勃底 阿波唎蜜多 阿喻紇硯娜 須毗你尸指多 囉佐耶 怛他羯他耶 怛姪他唵
薩婆桑悉迦囉 波唎輸底 達磨底 伽迦娜 莎呵某特迦底 薩婆婆毗輸底 摩訶娜耶
波唎婆嚟莎呵 若有自書寫教人書寫是无量壽宗要經即是書寫八万四千部建立塔廟陁羅
尼曰 南謨薄伽勃底 阿波唎蜜多 阿喻紇硯娜 須毗你尸指多 囉佐耶 怛他羯他耶 怛姪他唵
薩婆桑悉迦囉 波唎輸底 達磨底 伽迦娜 莎呵某特迦底 薩婆婆毗輸底 摩訶娜
耶 波唎婆嚟莎呵 若有自書寫教人書寫是无量壽宗要經能消除五无間等一切重罪陁羅尼曰

薩婆桑悉迦囉 波唎輸底 達磨底 伽迦娜 莎呵某特迦底 薩婆婆毗輸底 摩訶娜
耶 波唎婆嚩莎呵 若有自書寫教書寫是无量壽宗要經能消五无間等一切重罪陁羅尼曰
南謨薄伽勃底 阿波唎蜜多 阿喻納 紇硯娜 須毗你尸指多 囉佐耶 怛他羯他耶 怛姪他唵
薩婆桑悉迦囉 波唎輸底 達磨底 伽迦娜 莎呵某特迦底 薩婆婆毗輸底 摩訶娜耶
波唎婆嚩莎呵 若有自書寫教人書寫是无量壽宗要經受持讀誦設有重罪猶如須弥盡能除滅陁羅尼曰
南謨薄伽勃底 阿波唎蜜多 阿喻納 紇硯娜 須毗你尸指多 囉佐耶 怛他羯他耶 怛姪他唵 薩
婆桑悉迦囉 波唎輸底 達磨底 伽迦娜 莎呵某特迦底 薩婆婆毗輸底 摩訶娜耶
波唎婆嚩莎呵 若有書自寫教人書寫是无量壽宗要經受持讀誦若魔魔之眷屬夜叉羅剎
不得其便終无狂死陁羅尼曰 南謨薄伽勃底 阿波唎蜜多 阿喻納 紇硯娜 須毗你尸指多 囉佐
耶 怛他羯他耶 怛姪他唵 薩婆桑悉迦囉 波唎輸底 達磨底 伽迦娜 莎呵某特迦底
薩婆婆毗輸底 摩訶娜耶 波唎婆嚩莎呵
若有自書寫教人書寫是无量壽宗要經受持讀誦當命時有九十九姟佛現其人前豪千佛
授手能遊一切佛剎莫於此經生於疑惑陁羅尼曰 南謨薄伽勃底 阿波唎蜜多 阿喻納 紇硯
娜 須毗你尸指多 囉佐耶 怛他羯他耶 怛姪他唵 薩婆桑悉迦囉 波唎輸底 達磨底
伽迦娜 莎呵某特迦底 薩婆婆毗輸底 摩訶娜耶 波唎婆嚩莎呵
若有自書寫教人書寫是无量壽宗要經受持讀誦常得四天大王隨其衛護陁羅尼曰
南謨薄伽勃底 阿波唎蜜多 阿喻納 紇硯娜 須毗你尸指多 囉佐耶 怛他羯他耶 怛姪他唵

南謨薄伽勃底 阿波唎蜜多 阿喻紇硯娜 須毗你尸指多 囉佐耶 怛他羯他耶 怛姪他唵
薩婆桑悉迦囉 波唎輸底 達磨底 伽迦娜 莎呵莎持迦底 薩婆婆毗輸底 摩
訶娜耶 波唎婆婆靡莎呵 若有自書寫教人書寫是无量壽宗要經受持讀誦當得往生西
方極樂世界阿弥陁淨土陁羅尼曰 南謨薄伽勃底 阿波唎蜜多 阿喻紇硯娜 須毗你指
多 囉佐耶 怛他羯他耶 怛姪他唵 薩婆婆毗輸底 摩訶娜耶 波唎婆靡莎呵
若有方所自書寫使人書寫是无量壽經典之處則為是塔皆應恭敬礼作若是畜生或為
鳥獸得聞是經如是等類皆當不久得成一切種智陁羅尼曰 南謨薄伽勃底 阿波唎蜜
多 阿喻紇硯娜 須毗你尸指多 囉佐耶 怛他羯他耶 怛姪他唵 薩婆桑悉迦囉 波唎輸
底 達磨底 伽迦娜 莎呵莎持迦底 薩婆婆毗輸底 摩訶娜耶 波唎婆靡莎呵
若有於是无量壽經自書寫若使人書寫畢竟不受女人之身陁羅尼曰
南謨薄伽勃底 阿波唎蜜多 阿喻紇硯娜 須毗你尸指多 囉佐耶 怛他羯他耶 怛姪
他唵 薩婆桑悉迦囉 波唎輸底 達磨底 伽迦娜 莎呵莎持迦底 薩婆婆毗輸底
摩訶娜耶 波唎婆靡莎呵 若有能於經少分能惠施者等於三千大千世界滿中七寶
布施陁羅尼曰 南謨薄伽勃底 阿波唎蜜多 阿喻紇硯娜 須毗你尸指多 囉佐耶 怛他
羯他耶 怛姪他唵 薩婆桑悉迦囉 波唎輸底 達磨底 伽迦娜 莎呵莎持迦底 薩婆
婆毗輸底 摩訶娜耶 波唎婆靡莎呵 若有供養是經者則是供養一切諸經等
[illegible]陁羅尼曰 南謨薄伽勃底 阿波唎蜜多 阿喻紇硯娜 須毗你尸指多 囉佐耶

婆毗輸底 摩訶娜耶 波唎婆嚩㗚莎呵 若有供養是經者則是供養一切諸經等
无有別異陁羅尼曰 南謨簿伽勃底 阿波唎蜜多 阿喻紇硯娜 須毗儞尸指多 囉佐耶
怛他羯他耶 怛姪他唵 薩婆桑悉迦囉 波唎輸底 達磨底 伽迦娜 莎呵其特迦底
薩婆婆毗輸底 摩訶娜耶 波唎婆嚩㗚莎呵 如是毗婆尸佛 尸棄佛 毗舍浮佛 俱
留孫佛 俱那含牟尼佛 迦葉佛 釋迦牟尼佛 若有人以七寶供養如是七佛其福有
限書寫受持是无量壽經所有功德不可限量陁羅尼曰 南謨簿伽勃底 阿波唎蜜多 阿喻
紇硯娜 須毗儞尸指多 囉佐耶 怛他羯他耶 怛姪他唵 薩婆桑悉迦囉 波唎輸底
達磨底 伽迦娜 莎呵其特迦底 薩婆婆毗輸底 摩訶娜耶 波唎婆嚩㗚莎呵
若有七寶等於須弥以用布施其福上能知其限量是无量壽經典其福不可知數陁羅尼曰
南謨簿伽勃底 阿波唎蜜多 阿喻紇硯娜 須毗儞尸指多 囉佐耶 怛他羯他耶 怛姪他唵 薩
婆桑悉迦囉 波唎輸底 達磨底 伽迦娜 莎呵其特迦底 薩婆婆毗輸底 摩訶娜耶
波唎婆嚩㗚莎呵 如是四大海水可知滴數是无量壽經典可生果報不可數量陁羅尼曰
南謨簿伽勃底 阿波唎蜜多 阿喻紇硯娜 須毗儞尸指多 囉佐耶 怛他羯他耶 怛姪他唵
薩婆桑悉迦囉 波唎輸底 達磨底 伽迦娜 莎呵其特迦底 薩婆婆毗輸底 摩
訶娜耶 波唎婆嚩㗚莎呵 若有人自書寫是无量壽經典又能護持供養即如恭敬供養一切
十方佛土如來无有別異陁羅尼曰 南謨簿伽勃底 阿波唎蜜多 阿喻紇硯娜 須毗儞
尸指多 囉佐耶 怛他羯他耶 怛姪他唵 薩婆桑悉迦囉 皮利輸底 達磨底 伽迦那上

尸揭多囉佐耶 怛他羯他耶 怛姪他唵 薩婆桒悉迦囉 波唎輸底 達磨底 伽迦娜上

莎呵桒特迦底 薩婆娑毗輸底 摩訶娜耶 波唎婆嚟莎呵

布施力能成正覺 悟布施力人師子 布施力能聲普聞 慈悲階漸冣能入

持戒力能成正覺 悟持戒力人師子 持戒力能聲普聞 慈悲階漸冣能入

忍辱力能成正覺 悟忍辱力人師子 忍辱力能聲普聞 慈悲階漸冣能入

精進力能成正覺 悟精進力人師子 精進力能聲普聞 慈悲階漸冣能入

禪定力能成正覺 悟禪定力人師子 禪定力能聲普聞 慈悲階漸冣能入

智慧力能成正覺 悟智慧力人師子 智慧力能聲普聞 慈悲階漸冣能入

尒時如來說是經已一切世間天人阿修羅揵闥婆等聞佛所說皆大歡

喜信受奉行

佛說无量壽宗要經

BD01175 大般若波羅蜜多經卷一九

（唐）玄奘 譯

241.2cm × 25.5cm

不也世尊即因緣無願增語是菩薩摩訶薩
不不也世尊即等無間緣所緣緣增上緣無
願增語是菩薩摩訶薩不不也世尊即因緣
寂靜增語是菩薩摩訶薩不不也世尊即等
無間緣所緣緣增上緣寂靜增語是菩薩摩
訶薩不不也世尊即因緣不寂靜增語是菩
薩摩訶薩不不也世尊即等無間緣所緣緣
增上緣不寂靜增語是菩薩摩訶薩不不也
世尊即因緣遠離增語是菩薩摩訶薩不不
也世尊即等無間緣所緣緣增上緣遠離增
語是菩薩摩訶薩不不也世尊即因緣不遠
離增語是菩薩摩訶薩不不也世尊即等無
間緣所緣緣增上緣不遠離增語是菩薩摩
訶薩[illegible]

摩訶薩不不世世尊即等無間緣所緣緣增
上緣有為增語是菩薩摩訶薩不不世世尊
即因緣無為增語是菩薩摩訶薩不不世世
尊即等無間緣所緣緣增上緣無為增語是
菩薩摩訶薩不不世世尊即因緣有漏增語
是菩薩摩訶薩不不世世尊即等無間緣所
緣緣增上緣有漏增語是菩薩摩訶薩不不
世世尊即因緣無漏增語是菩薩摩訶薩不
不世世尊即等無間緣所緣緣增上緣無漏
增語是菩薩摩訶薩不不世世尊即因緣生
增語是菩薩摩訶薩不不世世尊即等無間
緣所緣緣增上緣生增語是菩薩摩訶薩不
不世世尊即因緣滅增語是菩薩摩訶薩不
不世世尊即等無間緣所緣緣增上緣滅增

不世世尊即等無間緣所緣緣增上緣滅增
語是菩薩摩訶薩不不世世尊即因緣善增
語是菩薩摩訶薩不不世世尊即等無間緣
所緣緣增上緣善增語是菩薩摩訶薩不不
世世尊即因緣非善增語是菩薩摩訶薩不
不世世尊即等無間緣所緣緣增上緣非善
增語是菩薩摩訶薩不不世世尊即因緣有
罪增語是菩薩摩訶薩不不世世尊即等無
間緣所緣緣增上緣有罪增語是菩薩摩訶
薩不不世世尊即因緣無罪增語是菩薩摩
訶薩不不世世尊即等無間緣所緣緣增上
緣無罪增語是菩薩摩訶薩不不世世尊即
因緣有煩惱增語是菩薩摩訶薩不不世世
尊即等無間緣所緣緣增上緣有煩惱增語

是菩薩摩訶薩不不也世尊即因緣無煩惱
增語是菩薩摩訶薩不不也世尊即等無間
緣所緣緣增上緣無煩惱增語是菩薩摩訶
薩不不也世尊即因緣世間增語是菩薩摩
訶薩不不也世尊即等無間緣所緣緣增上
緣世間增語是菩薩摩訶薩不不也世尊即
因緣出世間增語是菩薩摩訶薩不不也世
尊即等無間緣所緣緣增上緣出世間增語
是菩薩摩訶薩不不也世尊即因緣雜染增
語是菩薩摩訶薩不不也世尊即等無間緣
所緣緣增上緣雜染增語是菩薩摩訶薩不
不也世尊即因緣清淨增語是菩薩摩訶薩
不不也世尊即等無間緣所緣緣增上緣清
淨增語是菩薩摩訶薩不不也世尊即因緣

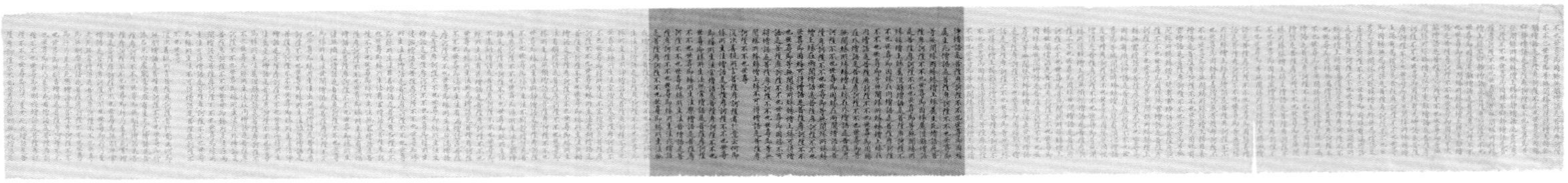

淨增語是菩薩摩訶薩不不世世尊即因緣
屬生死增語是菩薩摩訶薩不不世世尊即

等無間緣所緣緣增上緣屬生死增語是菩
薩摩訶薩不不世世尊即因緣屬涅槃增語
是菩薩摩訶薩不不世世尊即等無間緣所
緣緣增上緣屬涅槃增語是菩薩摩訶薩不
不世世尊即因緣在內增語是菩薩摩訶薩
不不世世尊即等無間緣所緣緣增上緣在
內增語是菩薩摩訶薩不不世世尊即因緣
在外增語是菩薩摩訶薩不不世世尊即等
無間緣所緣緣增上緣在外增語是菩薩摩
訶薩不不世世尊即因緣在兩間增語是菩
薩摩訶薩不不世世尊即等無間緣所緣緣
增上緣在兩間增語是菩薩摩訶薩不不世

世世尊即等無間緣所緣緣增上緣可得增
語是菩薩摩訶薩不不也世尊即因緣不可
得增語是菩薩摩訶薩不不也世尊即等無
間緣所緣緣增上緣不可得增語是菩薩摩
訶薩不不也世尊
復次善現所言菩薩摩訶薩者於意云何即
緣所生法增語是菩薩摩訶薩不不也世尊
即緣所生法常增語是菩薩摩訶薩不不也
世尊即緣所生法無常增語是菩薩摩訶薩
不不也世尊即緣所生法樂增語是菩薩摩
訶薩不不也世尊即緣所生法苦增語是菩
薩摩訶薩不不也世尊即緣所生法我增語
是菩薩摩訶薩不不也世尊即緣所生法無

是菩薩摩訶薩不不也世尊即緣所生法無
我增語是菩薩摩訶薩不不也世尊即緣所
生法淨增語是菩薩摩訶薩不不也世尊即
緣所生法不淨增語是菩薩摩訶薩不不也
世尊即緣所生法空增語是菩薩摩訶薩不
不也世尊即緣所生法不空增語是菩薩摩
訶薩不不也世尊即緣所生法有相增語是
菩薩摩訶薩不不也世尊即緣所生法無相
增語是菩薩摩訶薩不不也世尊即緣所生
法有願增語是菩薩摩訶薩不不也世尊即
緣所生法無願增語是菩薩摩訶薩不不也
世尊即緣所生法寂靜增語是菩薩摩訶薩
不不也世尊即緣所生法不寂靜增語是菩
薩摩訶薩不不也世尊即緣所生法遠離增

語是菩薩摩訶薩不不世世尊即緣所生法
不遠離增語是菩薩摩訶薩不不世世尊即
緣所生法有為增語是菩薩摩訶薩不不世
世尊即緣所生法無為增語是菩薩摩訶薩
不不世世尊即緣所生法有漏增語是菩薩
摩訶薩不不世世尊即緣所生法無漏增語
是菩薩摩訶薩不不世世尊即緣所生法生
增語是菩薩摩訶薩不不世世尊即緣所生
法滅增語是菩薩摩訶薩不不世世尊即緣
所生法善增語是菩薩摩訶薩不不世世尊
即緣所生法非善增語是菩薩摩訶薩不不
世世尊即緣所生法有罪增語是菩薩摩訶
薩不不世世尊即緣所生法無罪增語是菩
薩摩訶薩不不世世尊即緣所生法有煩惱

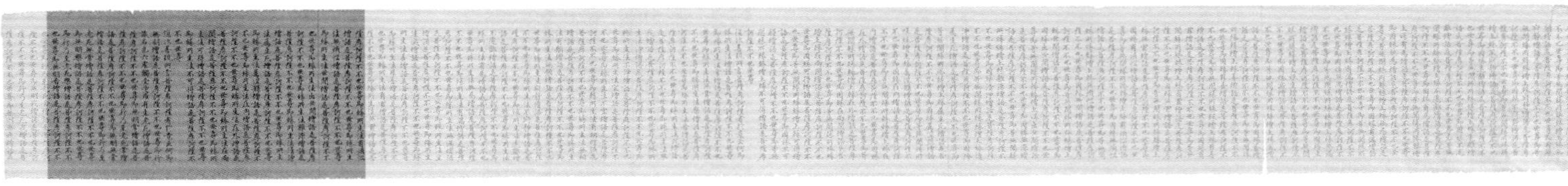

薩摩訶薩不不也世尊即緣所生法有煩惱
增語是菩薩摩訶薩不不也世尊即緣所生
法無煩惱增語是菩薩摩訶薩不不也世尊
即緣所生法世間增語是菩薩摩訶薩不不
也世尊即緣所生法出世間增語是菩薩摩
訶薩不不也世尊即緣所生法雜染增語是
菩薩摩訶薩不不也世尊即緣所生法清淨
增語是菩薩摩訶薩不不也世尊即緣所生
法屬生死增語是菩薩摩訶薩不不也世尊
即緣所生法屬涅槃增語是菩薩摩訶薩不
不也世尊即緣所生法在內增語是菩薩摩
訶薩不不也世尊即緣所生法在外增語是
菩薩摩訶薩不不也世尊即緣所生法在兩
間增語是菩薩摩訶薩不不也世尊即緣所

即緣所生法不可得增語是菩薩摩訶薩不
不世世尊
復次善現所言菩薩摩訶薩者於意云何即
無明增語是菩薩摩訶薩不不世世尊即行
識名色六處觸受愛取有生老死增語是菩
薩摩訶薩不不世世尊即無明常增語是菩
薩摩訶薩不不世世尊即行乃至老死常增
語是菩薩摩訶薩不不世世尊即無明無常
增語是菩薩摩訶薩不不世世尊即行乃至
老死無常增語是菩薩摩訶薩不不世世尊
即無明樂增語是菩薩摩訶薩不不世世尊
即行乃至老死樂增語是菩薩摩訶薩不不
世世尊即無明苦增語是菩薩摩訶薩不不

世世尊即無明苦增語是菩薩摩訶薩不不
世世尊即行乃至老死苦增語是菩薩摩訶
薩不不世世尊即無明我增語是菩薩摩訶
薩不不世世尊即行乃至老死我增語是菩
薩摩訶薩不不世世尊即無明無我增語是

BD01176

維摩詰所説經卷上

（後秦）鳩摩羅什 譯

276cm×25cm

盡
[illegible]疾時
懷慚[illegible][illegible]无近佛而謬聽耶即聞
空中聲曰阿難如居士言但為佛出五濁惡
世現行斯法度脫衆生行矣阿難取乳勿慚
世尊維摩詰智慧辯才為若此也是故不任
詣彼問疾如是五百大弟子各各向佛說其
本緣稱述維摩詰所言皆曰不任詣彼佛疾

[illegible]薩品第四

佛告彌勒菩薩汝行詣維摩詰問疾彌
勒白佛言世尊我不堪任詣彼問疾所以者
[illegible]念[illegible][illegible]天[illegible]及其眷屬說不退

轉地之行時維摩詰來謂我言彌勒世尊授
仁者記一生當得阿耨多羅三藐三菩提為
用何生得受記乎過去耶未來耶現在耶若
過去生過去生已滅若未來生未來生未至
若現在生現在生无住如佛所說比丘汝今
即時亦生亦老亦滅若以无生得受記者无
生即是正位於正位中亦无受記亦无得阿
耨多羅三藐三菩提云何彌勒受一生記乎
為從如生得受記耶為從如滅得受記耶若
以如生得受記者如无有生若以如滅得受
記者如无有滅一切衆生皆如也一切法亦
如也衆聖賢亦如也至於彌勒亦如也若彌
勒得受記者一切衆生亦應受記所以者何

BD01176　維摩詰所說經卷上

勒得受記者一切衆生亦應受記所以者何
夫如者不二不異若弥勒得阿耨多羅三藐
三菩提者一切衆生皆應得所以者何一切
衆生即菩提相若弥勒得滅度者一切衆
生亦當滅度所以者何諸佛知一切衆生畢
竟寂滅即涅槃相不復更滅是故弥勒无以
此法誘諸天子實无發阿耨多羅三藐三菩
提心者亦无退者弥勒當令此諸天子捨於
分別菩提之見所以者何菩提者不可以身
得不可以心得寂滅是菩提滅諸相故不觀
是菩提離諸緣故不行是菩提无憶念故斷
是菩提捨諸見故離是菩提離諸妄想故障
是菩提障諸願故不入是菩提无貪著故順

是菩提順於如故住是菩提住法性故至是
菩提至實際故不二是菩提離意法故等是
菩提等虛空故无爲是菩提无生住滅故智
是菩提了衆生心行故不會是菩提諸入不
會故不合是菩提離煩惱習故无處是菩提
无形色故假名是菩提名字空故如化是菩
提无取捨故无亂是菩提常自靜故善寂是
菩提性清淨故无取是菩提離攀緣故无異
是菩提諸法等故无比是菩提无可喻故微
妙是菩提諸法難知故世尊維摩詰說是
法時二百天子得无生法忍故我不任詣
彼問疾
佛告光嚴童子汝行詣維摩詰問疾光嚴白

佛告光嚴童子汝行詣維摩詰問疾光嚴白
佛言世尊我不堪任詣彼問疾所以者何憶
念我昔出毗耶離大城時維摩詰方入城我
即為作礼而問言居士從何所來答我言吾
從道場來我問道場者何所是曰直心是道
場无虛假故發行是道場能辦事故深心是
道場增益功德故菩提心是道場无錯謬故
布施是道場不望報故持戒是道場得願具
故忍辱是道場於諸眾生心无㝵故精進是
道場不懈退故禪定是道場心調柔故智慧
是道場現見諸法故慈是道場等眾生故悲
是道場忍疲苦故喜是道場悅樂法故捨是
道場憎愛斷故神通是道場成就六通故解

脫是道塲能背捨故方便是道塲教化衆
故四攝是道塲攝衆生故多聞是道塲如聞
行故伏心是道塲正觀諸法故卅七品是道
塲捨有為法故諦是道塲不誑世間故緣起
是道塲无明乃至老死皆无盡故諸煩惱是
道塲知如實故衆生是道塲知无我故一切
法是道塲知諸法空故降魔是道塲不傾動
故三界是道塲无所趣故師子吼是道塲无
所畏故力无畏不共法是道塲无諸過故三
明是道塲无餘㝵故一念知一切法是道塲
成就一切智故如是善男子菩薩若應諸波
羅蜜教化衆生諸有所作舉足下足當知皆
從道塲來住於佛法矣說是法時五百天人

BD01176　維摩詰所説經卷上

從道場來住於佛法矣說是法時五百天人
皆發阿耨多羅三藐三菩提心故我不任詣
彼問疾
佛告持世菩薩汝行詣維摩詰問疾持世白
佛言世尊我不堪任詣彼問疾所以者何憶
念我昔住於靜室時魔波旬從万二千天女
狀如帝釋鼓樂絃歌來詣我所與其眷屬稽
首我足合掌恭敬於一面立我意謂是帝釋
而語之言善來憍尸迦雖福應有不當自恣
當觀五欲无常以求善本於身命財而脩堅
法即語我言正士受是万二千天女可備掃
灑我言憍尸迦无以此非法之物要我沙門
釋子此非我宜所言未訖維摩詰來謂我言

諸女等可以與我如我應受魔即驚懼念維
摩詰將无惱我欲隱形去而不能隱盡其神
力亦不得去即聞空中聲曰波旬以女與之
乃可得去魔以畏故俛仰而與尒時維摩詰
語諸女言魔以汝等與我今汝皆當發阿耨
多羅三藐三菩提心即隨所應而說為法令
發道意復言汝等已發道意有法樂可以自
娛不應復樂五欲樂也天女即問何謂法樂
荅言樂常信佛樂欲聽法樂供養衆樂離五
欲樂觀五陰如怨賊樂觀四大如毒虵樂觀
内入如空聚樂隨護道意樂饒益衆生樂敬
養師樂廣行布施樂堅持戒樂忍辱柔和樂勤

養師樂廣行布施樂堅持戒樂忍辱柔和樂勤
集善根樂禪定不亂樂離垢明慧樂廣菩提
心樂降伏衆魔樂斷諸煩惱樂淨佛國土樂
成就相好故脩諸功德樂嚴道場樂聞深法
不畏樂三解脫門不樂非時樂近同學樂於
非同學中心无恚礙樂將護惡知識樂近善知
識樂心喜清淨樂脩无量道品之法是爲菩
薩法樂於是波旬告諸女言我欲與汝俱還
天宮諸女言以我等與此居士有法樂我等
甚樂不復樂五欲樂也魔言居士可捨此女
一切所有施於彼者是爲菩薩維摩詰言我
以捨矣汝便將去令一切衆生得法願具足
於是諸女問維摩詰我等云何止於魔宮維

盡燈者譬如一燈燃百千燈冥者皆明明終
不盡如是諸姊夫一菩薩開導百千衆生令
發阿耨多羅三藐三菩提心於其道意亦不
滅盡隨所說法而自增益一切善法是名无
盡燈也汝等雖住魔宮以是无盡燈令无數
天子天女發阿耨多羅三藐三菩提心者為
報佛恩亦大饒益一切衆生尒時天女頭面
礼維摩詰足隨魔還宮忽然不現世尊維摩
詰有如是自在神力智慧辯才故我不任詣
彼問疾
佛告長者子善德汝行詣維摩詰問疾善德
白佛言世尊我不堪任詣彼問疾所以者何

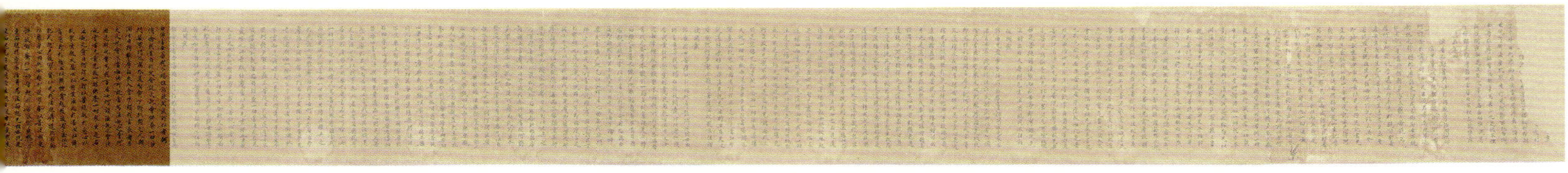

白佛言世尊我不堪任詣彼問疾所以者何
憶念我昔自於父舍設大施會供養一切沙
門婆羅門及諸外道貧窮下賤孤獨乞人期
滿七日時維摩詰来入會中謂我言長者子
夫大施會不當如汝所設當爲法施之會何
用是財施會爲我言居士何謂法施之會法
施會者无前无後一時供養一切衆生是名
法施之會曰何謂也謂以菩提起於慈心以
救衆生起大悲心以持正法起於喜心以攝
智慧行於捨心以攝慳貪起檀波羅蜜以化
犯戒起尸波羅蜜以无我法起羼提波羅蜜
以離身心相起毗梨耶波羅蜜以菩提相起
禪波羅蜜以一切智起般若波羅蜜教化衆

生而起无作護持正法起方便力以度衆生
起四攝法以敬事一切起除慢法於身命財
起三堅法於六念中起思念法於六和敬起
質直心正行善法起於淨命心淨歡喜起近
賢聖不憎惡人起調伏心以出家法起於深
心以如說行起於多聞以无諍法起空閑處
趣向佛慧起於宴坐解衆生縛起脩行地以
具相好及淨佛土起福德業知衆生心念如
應說法起於智業知一切法不取不捨入一
相門起於慧業斷一切煩惱一切鄣㝵一切
不[illegible]善業以得一切智慧一切善

BD01177 金剛般若波羅蜜經

（後秦）鳩摩羅什 譯

366.9cm × 27.5cm

等
須菩
何況其
菩提我今實言　善男子善女
滿尒所恒河沙數三千大千世界
得福多不須菩提言甚多世尊佛
菩提若善男子善女人於此經中乃至
句偈等為他人說而此福德勝前福
德復次須菩提隨說是經乃至四句偈等
知此處一切世間天人阿脩羅皆應供養
佛塔廟何況有人盡能受持讀誦須菩提
知是人成就㝡上第一希有之法若是經
所在之處則為有佛若尊重弟子
提白佛言世尊當何名此經我等
佛告須菩提是經名為金剛般若

若波羅蜜則非般若波羅蜜須菩
意云何如来有所說法不須菩提白佛
言如来无所說須菩提於意云何三千
大千世界所有微塵是爲多不須菩提言甚
多世尊須菩提諸微塵如来說非微塵是名
微塵如来說世界非世界是名世界須菩提
於意云何可以三十二相見如来不不世世尊
不可以三十二相得見如来何以故如来說三十二
相即是非相是名三十二相須菩提若有善男
子善女人以恒河沙等身命布施若復有人
於此經中乃至受持四句偈等爲他人說其甚多
尒時須菩提聞說是經深解義趣涕淚悲泣
而白佛言希有世尊佛說如是甚深經典我
從昔来所得慧眼未曾得聞如是之經世尊
若復有人得聞是經信心清淨則生實相當

從昔來所得慧眼未曾得聞如是之經世尊
若復有人得聞是經信心清淨則生實相當
知是人成就第一希有功德世尊是實相者
則是非相是故如來說名實相世尊我今得
聞如是經典信解受持不足為難若當來世
後五百歲其有眾生得聞是經信解受持是人
則為第一希有何以故此人无我相人相眾生相
壽者相所以者何我相即是非相人相眾生相壽
者相即是非相何以故離一切諸相則名諸佛
佛告須菩提如是如是若復有人得聞是經
不驚不怖不畏當知是人甚為希有何以故須菩
提如來說第一波羅蜜非第一波羅蜜是名第一波羅
蜜須菩提忍辱波羅蜜如來說非忍辱波羅蜜
何以故須菩提如我昔為歌利王割截身體
我於尒時无我相无人相无眾生相无壽者
何以故我於往昔節節支解時

過去於五百世作忍辱仙人於尒所世无我
相无人相无衆生相无壽者相是故須菩提
菩薩應離一切相發阿耨多羅三藐三菩提
心不應住色生心不應住聲香味觸法生心
應生无所住心若心有住則爲非住是故佛
說菩薩心不應住色布施須菩提菩薩爲利
益一切衆生應如是布施如來說一切諸相
即是非相又說一切衆生則非衆生須菩提
如來是真語者實語者如語者不誑語者不
異語者須菩提如來所得法此法无實无虛
須菩提若菩薩心住於法而行布施如人入
闇則无所見若菩薩心不住法而行布施如
人有目日光明照見種種色須菩提當來之
世若有善男子善女人能於此經受持讀誦
則爲如來以佛智慧悉知是人悉見是人皆

世若有善男子善女人能於此經受持讀誦
則為如来以佛智慧悉知是人悉見是人皆
得成就无量无邊功德
須菩提若有善男子善女人初日分以恒河
沙等身布施中日分復以恒河沙等身布施
後日分亦以恒河沙等身布施如是无量百
千万億劫以身布施若復有人聞此經典信
心不逆其福勝彼何況書寫受持讀誦為人
解說須菩提以要言之是經有不可思議不
可稱量无邊功德如来為發大乘者說為發
冣上乘者說若有人能受持讀誦廣為人說
如来悉知是人悉見是人皆得成就不可量
不可稱无有邊不可思議功德如是人等則
為荷擔如来阿耨多羅三藐三菩提何以故
須菩提若樂小法者著我見人見衆生見壽

者見則於此經不能聽受讀誦為人解說
菩提在在處處若有此經一切世間天人阿
脩羅所應供養當知此處則為是塔皆應
恭敬作礼圍遶以諸華香而散其處
復次須菩提善男子善女人受持讀誦此經
若為人輕賤是人先世罪業應墮惡道以今
世人輕賤故先世罪業則為消滅當得阿耨
多羅三藐三菩提須菩提我念過去无量阿
僧祇劫於然燈佛前得值八百四千万億那
由他諸佛悉皆供養承事无空過者若復有
人於後末世能受持讀誦此經所得功德於
我所供養諸佛功德百分不及一千万億分
乃至筭數譬喻所不能及須菩提若善男子
善女人於後末世有受持讀誦此經所得功
德我若具說者或有人聞心則狂亂狐疑不
信須菩提當知是經義不可思議果報亦不可

善女人於後末世有受持讀誦此經所得功
德我若具說者或有人聞心則狂亂狐疑不
信須菩提當知是經義不可思議果報亦不可思議
尒時須菩提白佛言世尊善男子善女人發
阿耨多羅三藐三菩提心云何應住云何降
伏其心佛告須菩提善男子善女人發阿耨
多羅三藐三菩提者當生如是心我應滅度
一切衆生滅度一切衆生已而无有一衆生
實滅度者何以故若菩薩有我相人相衆生
相壽者相則非菩薩所以者何須菩提實无
有法發阿耨多羅三藐三菩提者須菩提於
意云何如來於然燈佛所有法得阿耨多羅
三藐三菩提不不也世尊如我解佛所說義
佛於然燈佛所无有法得阿耨多羅三藐三
菩提佛言如是如是須菩提實无有法如來

得阿耨多羅三藐三菩提須菩提若有法如
來得阿耨多羅三藐三菩提者然燈佛則不
與我受記汝於來世當得作佛号釋迦牟尼
以實无有法得阿耨多羅三藐三菩提是故
然燈佛與我受記作是言汝於來世當得作
佛号釋迦牟尼何以故如來者即諸法如義
若有人言如來得阿耨多羅三藐三菩提須
菩提實无有法佛得阿耨多羅三藐三菩提
須菩提如來所得阿耨多羅三藐三菩提於
是中无實无虛是故如來說一切法皆是佛
法須菩提所言一切法者即非一切法是故
名一切法須菩提譬如人身長大須菩提言
世尊如來說人身長大則爲非大身是名大
身須菩提菩薩亦如是若作是言我當滅度
无量衆生則不名菩薩何以故須菩提實无
有法名爲菩薩是故佛說一切法无我无人

无量衆生則不名菩薩何以故須菩提實无
有法名爲菩薩是故佛說一切法无我无人
无衆生无壽者須菩提若菩薩作是言我當
莊嚴佛土是不名菩薩何以故如來說莊嚴
佛土者即非莊嚴是名莊嚴須菩提若菩薩
通達无我法者如來說名真是菩薩
須菩提於意云何如來有肉眼不如是世尊
如來有肉眼須菩提於意云何如來有天眼
不如是世尊如來有天眼須菩提於意云何
如來有慧眼不如是世尊如來有慧眼須菩
提於意云何如來有法眼不如是世尊如來
有法眼須菩提於意云何如來有佛眼不如
是世尊如來有佛眼須菩提於意云何恒河
中所有沙佛說是沙不如是世尊如來說是
沙須菩提於意云何如一恒河中所有沙有

是寧為多不甚多世尊佛告須菩提尒所國
土中所有衆生若干種心如来悉知何以故
如来説諸心皆為非心是名為心所以者何
須菩提過去心不可得現在心不可得未来
心不可得須菩提於意云何若有人滿三千
大千世界七寶以用布施是人以是因緣得
福多不如是世尊此人以是因緣得福甚多
須菩提若福德有實如来不説得福德多以
福德无故如来説得福德多
須菩提於意云何佛可以具足色身見不不
世世尊如来不應以具足色身見何以故如来
説具足色身即非具足色身是名具足色身須
菩提於意云何如来可以具足諸相見不不
世世尊如来不應以具足諸相見何以故如

也世尊如来不應以具足諸相見何以故如
来說諸相具足即非具足是名諸相具足須
菩提汝勿謂如来作是念我當有所說法莫
作是念何以故若人言如来有所說法即為
謗佛不能解我所說故須菩提說法者无法
可說是名說法須菩提白佛言世尊佛得阿
耨多羅三藐三菩提為无所得耶如是如是
須菩提我於阿耨多羅三藐三菩提乃至无
有少法可得是名阿耨多羅三藐三菩提復
次須菩提是法平等无有高下是名阿耨多
羅三藐三菩提以无我无人无衆生无壽者
脩一切善法則得阿耨多羅三藐三菩提須
菩提所言善法者如来說非善法是名善法
須菩提若三千大千世界中所有諸須弥山

若波羅蜜經乃至四句偈等受持讀誦為他
人說於前福德百分不及一百千万億分乃至
筭數譬喻所不能及
須菩提於意云何汝等勿謂如來作是念我
當度衆生須菩提莫作是念何以故實无有
衆生如來度者若有衆生如來度者如來則
有我人衆生壽者須菩提如來說有我者則
非有我而凡夫之人以為有我須菩提凡夫
者如來說則非凡夫須菩提於意云何可以
三十二相觀如來不須菩提言如是如是以
三十二相觀如來佛言須菩提若以三十二
相觀如來者轉輪聖王則是如來須菩提白
佛言世尊如我解佛所說義不應以三十二
相觀如來尒時世尊而說偈言
若以色見我　以音聲求我　是人行邪道　不能見如來
須菩提汝若作是念如來不以具足相故得

BD01177　金剛般若波羅蜜經

須菩提汝若作是念如來不以具足相故得
阿耨多羅三藐三菩提須菩提莫作是念如
來不以具足相故得阿耨多羅三藐三菩提
須菩提汝若作是念發阿耨多羅三藐三菩
提者說諸法斷滅相莫作是念何以故發阿
耨多羅三藐三菩提者於法不說斷滅相須
菩提若菩薩以滿恒河沙等世界七寶布施
若復有人知一切法无我得成於忍此菩薩
勝前菩薩所得功德須菩提以諸菩薩不受
福德故須菩提白佛言世尊云何菩薩不受
福德須菩提菩薩所作福德不應貪著是故
說不受福德須菩提若有人言如來若來若
去若坐若卧是人不解我所說義何以故如來
者无所從來亦无所去故名如來

[illegible]
多世尊何以故若是微塵衆實有者佛則不
說是微塵衆所以者何佛說微塵衆則非微
塵衆是名微塵衆世尊如來所說三千大千
世界則非世界是名世界何以故若世界實
有者則是一合相如來說一合相則非一合
相是名一合相須菩提一合相者則是不可
說但凡夫之人貪著其事須菩提若人言佛
說我見人見衆生見壽者見須菩提於意云
何是人解我所說義不世尊是人不解如來
所說義何以故世尊說我見人見衆生見壽
者見即非我見人見衆生見壽者見是名我
見人見衆生見壽者見須菩提發阿耨多羅
三藐三菩提心者於一切法應如是知如是
見如是信解不生法相須菩提所言法相者
如來說即[illegible]

見如是信解不生法相須菩提所言法相者
如來說即非法相是名法相須菩提若有人
以滿无量阿僧祇世界七寶持用布施若有
善男子善女人發菩薩心者持於此經乃至
四句偈等受持讀誦為人演說其福勝彼云
何為人演說不取於相如如不動何以故
一切有為法　如夢幻泡影　如露亦如電　應作如是觀
佛說是經已長老須菩提及諸比丘比丘尼
優婆塞優婆夷一切世間天人阿脩羅聞佛
所說皆大歡喜信受奉行

金剛般若波羅蜜經

BD01177　金剛般若波羅蜜經

BD01178

灌頂章句拔除過罪生死得度經

（東晉）帛尸梨蜜多羅 譯

98.7cm × 25cm

難在右邊佛顧語阿
難言汝信我為文殊師利說往昔東方過十恒
河沙有佛名藥師琉璃光本願功德者不阿難白
佛言唯天中天佛之所言何敢不信耶佛復語
阿難言世間人雖有眼耳鼻舌身意人常用
是六事以自迷惑信世間魔耶之言不信至
真至誠度世苦切之語如是輩人難可開化
世阿難白佛言世尊世人多有惡逆下賤之
者若聞佛說是經開人耳目破治人病除人
陰冥使覩光明解人疑結去人重罪千劫万
无復憂患皆因佛說是藥師琉璃光本願功德
悉令安隱得其福也

言[illegible]
汝心我知汝意汝知之不問難即以頭面着
地長跪白佛言審如天中天所說我造次聞
佛說是藥師琉璃光極大尊貴智慧巍巍
難可度量我心有小疑耳敢不首伏佛言汝
智慧挾劣少見少聞汝聞我說深妙之法无
上空義應生信敬貴重之心必當得至无上
正真道世文殊問佛言世尊佛說是藥師琉璃
光如来无量功德如是不審誰肯信此言者
佛荅文殊言唯有百億諸菩薩摩訶薩當
信是言耳唯有十方三世諸佛當信是言佛
言我說是藥師琉璃光如来本願功德難可
得見何況得聞亦難得說亦難得書寫亦難
得讀文殊師利若有男子女人能信是經受

BD01178　灌頂章句拔除過罪生死得度經

得讀文殊師利若有男子女人能信是經受
持讀誦書著竹帛復能為他人解說中義此
皆先世以發道意今復得聞此微妙法開化十
方无量衆生當知此人必當得至无上正真道
也佛告阿難我作佛以来從生死復至生死勤
苦累劫无所不經无所不歷无所不作无所
不為如是不可思議况復琉璃光佛本願
功德者乎汝所以有疑者亦復如是阿難
汝聞佛所說汝諦信之莫作疑惑佛語至
誠无有虛僞亦无二言佛言為信者施不為
疑者說也阿難汝莫作小疑耳以毀大乘之
業汝却後亦當發摩訶行心莫以小道毀汝
功德也阿難言唯天中天我從今日以去无
[illegible]

佛言阿難此經[illegible]
中有天人發心念此琉璃光佛本願功德經者
皆得離於彼處之難是經能除水涸不調是
經能除他方逆賊悉令斷滅四方夷狄各還
正治不相嬈惱國土交通人民歡樂是經能
除穀貴飢凍是經能滅惡星變怪是經能
除疫毒之病是經能救三惡道地獄餓
鬼畜生等若人得聞此經典者无不解
脫厄難者也
尒時衆中有一菩薩名曰救脫從坐而起整
衣服叉手合掌而白佛言我等今日聞佛世
尊演說過此東方十恒河沙世界有佛号藥
師琉璃光一切衆會靡不歡喜救脫菩薩又
白佛言若族姓男女其有危厄著床痛惱无

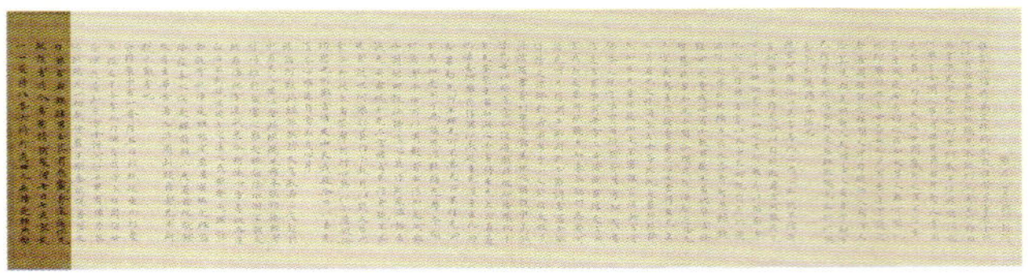

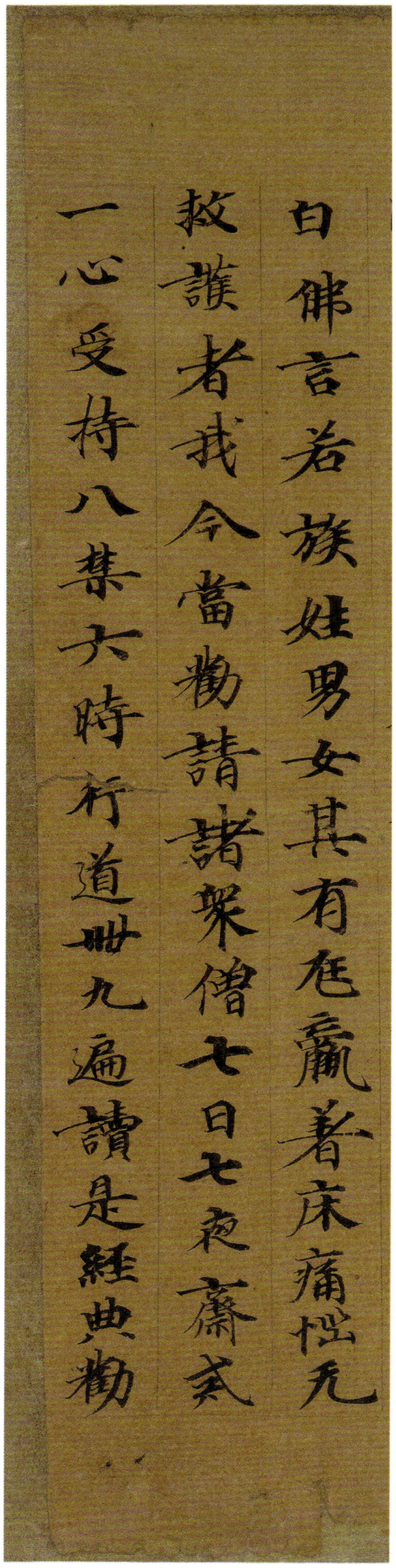

白佛言若族姓男女其有厄羸著床痛惱无
救護者我今當勸請諸衆僧七日七夜齋戒
一心受持八禁六時行道卌九遍讀是經典勸

BD01178　灌頂章句拔除過罪生死得度經

BD01179　金剛般若波羅蜜經

（後秦）鳩摩羅什 譯

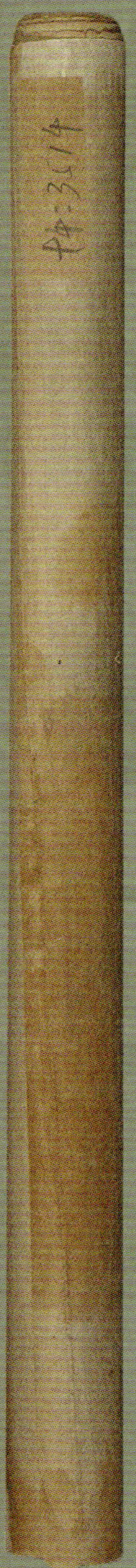

49.1cm × 26.5cm

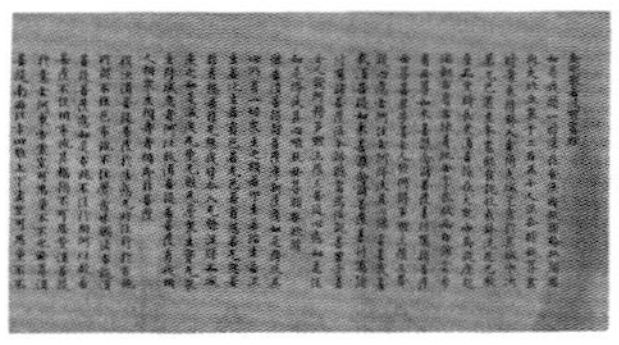

金剛般若波羅蜜經
如是我聞一時佛在舍衛國祇樹給孤獨園
與大比丘衆千二百五十人俱尒時世尊食
時著衣持鉢入舍衛大城乞食於其城中次
第乞已還至本處飯食訖收衣鉢洗足已敷
座而坐時長老須菩提在大衆中即從座起
偏袒右肩右膝著地合掌恭敬而白佛言希
有世尊如來善護念諸菩薩善付囑諸菩薩
世尊善男子善女人發阿耨多羅三藐三菩
提心應云何住云何降伏其心佛言善哉善
哉須菩提如來善護念諸菩薩善付囑諸
付囑諸菩薩汝今諦聽當爲汝說善男子善

如是降伏其心唯然世尊願樂欲聞
佛告須菩提諸菩薩摩訶薩應如是降伏其
心所有一切衆生之類若卵生若胎生若濕
生若化生若有色若无色若有想若无想若
非有想若非无想我皆令入无餘涅槃而滅
度之如是滅度无量无數无邊衆生實无衆
生得滅度者何以故須菩提若菩薩有我相
人相衆生相壽者相即非菩薩
復次須菩提菩薩於法應无所住行於布施
所謂不住色布施不住聲香味觸法布施須
菩提菩薩應如是布施不住於相何以故若
菩薩不住相布施其福德不可思量須菩提
於意云何東方虛空可思量不不也世尊須
菩提南西北方四維上下虛空可思量不不

BD01180

妙法蓮華經卷七

（後秦）鳩摩羅什 譯

151.5cm×25cm

以守護之所説呪曰
安尒一 冕尒二 摩祢三 摩摩祢四 旨隸五 遮
梨苐六 賖咩羊鳴音七 賖履因雉反 多瑋八 羶輸千反
帝九 目帝十 目多履十一 婆履十二 阿瑋婆履十三
柰履十四 婆履十五 叉裔十六 阿叉裔十七 阿耆膩十八
羶帝十九 賖履二十 陁羅尼二十一 阿盧伽婆婆蘇柰反
藪蕪毗叉膩二十二 祢毗剃二十三 阿便哆都餓反 邏祢
履剃二十四 阿亶哆波隸輸地二十五途賣反 漚究隸二十六
牟究隸二十七 阿羅隸二十八 波羅隸二十九 首迦差
初几反三十 阿三磨三履三十一 佛馱毗吉利褰帝
三十二 達磨波利差精離反 帝三十三 僧伽涅瞿沙
祢三十四 婆舍婆舍輸地三十五 曼哆邏三十六
[illegible] 三十 卬婁多 三十 卬婁多 高

舍略九 □叉邏十 □叉冶□冶一 阿□□十
二 阿摩若 荏蔗反 那多夜 四十三
世尊是陀羅尼神呪六十二億恒河沙等諸
佛所說若有侵毀此法師者則為侵毀是諸
佛已時釋迦牟尼佛讚藥王菩薩言善哉善
哉藥王汝愍念擁護此法師故說是陀羅尼
於諸衆生多所饒益尒時勇施菩薩白佛言
世尊我亦為擁護讀誦受持法華經者說陀
羅尼若此法師得是陀羅尼若夜叉若羅刹
若富單那若吉蔗若鳩槃荼若餓鬼等伺求
其短无能得便即於佛前而說呪曰
痤 憯螺反 隸一 摩訶痤隸二 郁枳三 目枳四 阿
隸五 阿羅婆第六 涅隸第七 涅隸多婆第八
伊緻 猪履反 柅九 韋緻柅十 旨緻柅十 旦涂犀

伊緻 豬履 据 九 卑緻据 十 首緻据 十一 涅隸埤
据 十二 涅犁埤婆底 十三
世尊是陁羅尼神呪恒河沙等諸佛所說亦
皆隨喜若有侵毀此法師者則為侵毀是諸
佛已尒時毗沙門天王護世者白佛言世尊
我亦為慈念衆生擁護此法師故說是陁
羅尼即說呪曰
阿梨 一 那梨 二 㝹那梨 三 阿那盧 四 那履 五
拘那履 六
世尊以是神呪擁護法師我亦自當擁護持
是經者令百由旬內无諸衰患尒時持國天
王在此會中與千万億那由他乹闥婆衆恭
敬圍繞前

阿伽祢一 伽祢二 瞿利三 乾陀利四 栴陀利五 摩
蹬耆六 常求利七 浮樓莎柅八 頞底九
世尊是陁羅尼神呪四十二億諸佛所說若
有侵毀此法師者則為侵毀是諸佛已尒時
有羅刹女等一名藍婆二名毗藍婆三名曲
齒四名華齒五名黑齒六名多髮七名无猒足
八名持瓔珞九名睪帝十名奪一切衆生
精氣是十羅刹女與鬼子母并其子及眷
屬俱詣佛所同聲白佛言世尊我等亦欲擁護
讀誦受持法華經者除其衰患若有伺求
法師短者令不得便即於佛前而說呪曰
伊提履一 伊提泯二 伊提履三 阿提履四 伊
提履五 泥履六 泥履七 泥履八 泥履九 泥履

伊提履　伊提泯　伊提履　阿提履　伊
提履五　泥履六　泥履七　泥履八　泥履九　泥履
十　樓醯十一　樓醯十二　樓醯十三　樓醯十四　多醯十五　多
醯十六　多醯十七　兜醯十八　㝹醯十九

寧上我頭上　莫惱於法師　若夜叉若羅剎若
餓鬼若富單那若吉蔗若毗陀羅若揵馱若
烏摩勒伽若阿跋摩羅若夜叉吉蔗若人吉
蔗若熱病若一日若二日若三日若四日若
至七日若常熱病若男形若女形若童男
形若童女形乃至夢中亦復莫惱即於佛
前而說偈言

若不順我咒　惱亂說法者　頭破作七分　如阿梨樹枝
如殺父母罪　亦如壓油殃　斗秤欺誑人　調達破僧罪
犯此法師者　當獲如是殃

[illegible]
身自擁護受持讀誦脩行是經者令得安隱
離諸衰患消衆毒藥佛告諸羅剎女善哉
善哉汝等但能擁護受持法華名者福不可量
何況擁護具足受持供養經卷華香瓔珞末
香塗香燒香幡蓋伎樂然種種燈蘇燈油燈
諸香油燈蘇摩那華油燈瞻蔔華油燈婆師
迦華油燈優鉢羅華油燈如是等百千種供
養者睪帝汝等及眷屬應當擁護如是法
師說是陁羅尼品時六万八千人得无生法忍

妙法蓮華經妙莊嚴王本事品第二十七

尒時佛告諸大衆乃往古世過无量无邊不
可思議阿僧祇劫有佛名雲雷音宿王華智
多陁阿伽度阿羅呵三藐三佛陁國名光明

多陁阿伽度阿羅呵三藐三佛陁國名光明
莊嚴劫名憙見彼佛法中有王名妙莊嚴其
王夫人名曰淨德有二子一名淨藏二名淨
眼是二子有大神力福德智慧久脩菩薩所
行之道所謂檀波羅蜜尸羅波羅蜜羼提
波羅蜜毗梨耶波羅蜜禪波羅蜜般若波羅蜜

BD01181 妙法蓮華經卷三

（後秦）鳩摩羅什 譯

540.2cm × 26.7cm

萎華更雨
於佛乃至滅度常雨此華四王諸天為供
佛常擊天鼓其餘諸天作天伎樂滿十小劫
至于滅度亦復如是諸比丘大通智勝佛過
十小劫諸佛之法乃現在前成阿耨多羅三
藐三菩提其佛未出家時有十六子其第一
者名曰智積諸子各有種種珍異玩好之具
聞父得成阿耨多羅三藐三菩提皆捨所珍
往詣佛所諸母涕泣而隨送之其祖轉輪聖
王與一百大臣及餘百千万億人民皆共圍
繞隨至道場咸欲親近大通智勝如來供養
恭敬尊重讚歎到已頭面礼足繞佛畢已一
心合掌瞻仰世尊以偈頌曰
為度眾生故　於無量億歲　尒乃得成佛

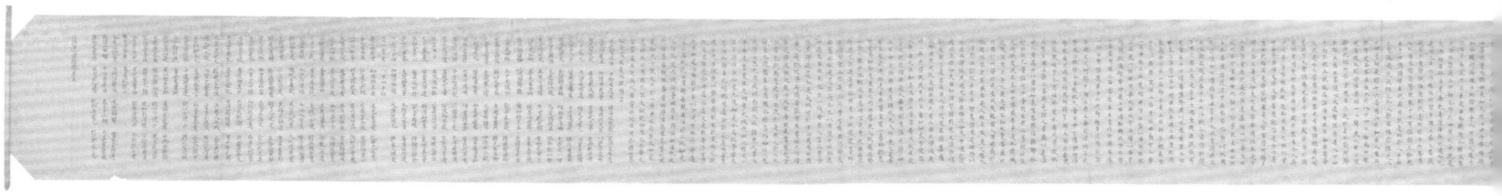

世尊甚希有　一坐十小劫　身體及手足　靜然安不動
其心常惔怕　未曾有散亂　究竟永寂滅　安住无漏法
今者見世尊　安隱成佛道　我等得善利　稱慶大歡喜
衆生常苦惱　盲瞑无導師　不識苦盡道　不知求解脫
長夜增惡趣　減損諸天衆　從冥入於冥　永不聞佛名
今佛得最上　安隱无漏道　我等及天人　爲得最大利
是故咸稽首　歸命无上尊
尒時十六王子偈讚佛已勸請世尊轉於法輪
咸作是言世尊說法多所安隱憐愍饒益
諸天人民重說偈言
世雄无等倫　百福自莊嚴　得无上智慧　願爲世間說
度脫於我等　及諸衆生類　爲分別顯示　令得是智慧
若我等得佛　衆生亦復然

度脫於我等　及諸眾生類　為分別顯示　令得是智慧
若我等得佛　眾生亦復然
世尊知眾生　深心之所念　亦知所行道　又知智慧力
欲樂及脩福　宿命所行業　世尊悉知已　當轉无上輪
佛告諸比丘大通智勝佛得阿耨多羅三藐
三菩提時十方各五百万億諸佛世界六種
震動其國中間幽冥之處日月威光所不能
照而皆大明其中眾生各得相見咸作是言
此中云何忽生眾生又其國界諸天宮殿乃
至梵宮六種震動大光普照遍滿世界勝諸
天光尒時東方五百万億諸國土中梵天宮
殿光明照曜倍於常明諸梵天王各作是念
今者宮殿光明昔所未有以何因緣而現此相
是時諸梵天王即各相詣共議此事而彼眾
中有一大梵天王名救一切為諸梵眾而

我等諸宮殿　光明昔未有　此是何因緣　宜各共求之
為大德天生　為佛出世間　而此大光明　遍照於十方
尒時五百万億國土諸梵天王與宮殿俱各
以衣裓盛諸天華共詣西方推尋是相見大
通智勝如來處于道場菩提樹下坐師子座
諸天龍王乾闥婆緊那羅摩睺羅伽人非人
等恭敬圍繞及見十六王子請佛轉法輪即
時諸梵天王頭面礼佛繞百千迊即以天華
而散佛上其所散華如須弥山并以供養佛
菩提樹其菩提樹高十由旬華供養已各以
宮殿奉上彼佛而作是言唯見哀愍饒益我
等所獻宮殿願垂納處尒時諸梵天王即於
佛前一心同聲以偈頌曰

等所獻宮殿願垂納受爾時諸梵天王即於
佛前一心同聲以偈頌曰
世尊甚希有　難可得值遇　具无量功德　能救護一切
天人之大師　哀愍於世間　十方諸衆生　普皆蒙饒益
我等所從來　五百万億國　捨深禪定樂　為供養佛故
我等先世福　宮殿甚嚴飾　今以奉世尊　唯願哀納受
尒時諸梵天王偈讚佛已各作是言唯願世
尊轉於法輪度脫衆生開涅槃道時諸梵天
王一心同聲而說偈言
世雄兩足尊　唯願演說法　以大慈悲力　度苦惱衆生
尒時大通智勝如來黙然許之又諸比丘東
南方五百万億國土諸大梵王各自見宮殿
光明照曜昔所未有歡喜踊躍生希有心即
各相詣共議此事而彼衆中有一大梵天王
名曰大悲為諸梵衆而說偈言

為大德天生　為佛出世間　未曾見此相　當共一心求
過千万億土　尋光共推之　多是佛出世　度脫苦衆生
尒時五百万億諸梵天王與宮殿俱各以衣裓
盛諸天華共詣西北方推尋是相見大通
智勝如来處于道場菩提樹下坐師子座諸
天龍王乹闥婆緊那羅摩睺羅伽人非人等
恭敬圍繞及見十六王子請佛轉法輪時諸梵
天王頭面礼佛繞百千迊即以天華而散佛
上所散之華如須弥山并以供養佛菩提
樹華供養已各以宮殿奉上彼佛而作是言
唯見哀愍饒益我等所獻宮殿願垂納處尒
時諸梵天王即於佛前一心同聲以偈頌曰
聖主天中王　迦陵頻伽聲　哀愍衆生者　我等今敬礼

時諸梵天王即於佛前一心同聲以偈頌曰

聖主天中王　迦陵頻伽聲　哀愍衆生者　我等今敬礼

世尊甚希有　久遠乃一現　一百八十劫　空過无有佛

三惡道充滿　諸天衆減少　今佛出於世　爲衆生作眼

世間所歸趣　救護於一切　爲衆生之父　哀愍饒益者

我等宿福慶　今得值世尊

尒時諸梵天王偈讚佛已各作是言唯願世尊

哀愍一切轉於法輪度脫衆生時諸梵天王

一心同聲而說偈言

大聖轉法輪　顯示諸法相　度苦惱衆生　令得大歡喜

衆生聞是法　得道若生天　諸惡道減少　忍善者增益

尒時大通智勝如來黙然許之又諸比丘南方

五百万億國土諸大梵王各自見宮殿光

明照曜昔所未有歡喜踊躍生希有心即各

梵衆而説偈言
我等諸宮殿　光明甚威曜　此非无因緣　是相宜求之
過於百千劫　未曾見是相　爲大德天生　爲佛出世間
尒時五百万億諸梵天王與宮殿倶各以衣
裓盛諸天華共詣北方推尋是相見大通智
勝如来處于道場菩提樹下坐師子座諸天
龍王乾闥婆緊那羅摩睺羅伽人非人等恭
敬圍繞及見十六王子請佛轉法輪時諸梵
天王頭面礼佛繞百千迊即以天華而散佛
上所散之華如須弥山并以供養佛菩提樹
華供養已各以宮殿奉上彼佛而作是言唯
見哀愍饒益我等所獻宮殿願垂納受尒時
諸梵天王即於佛前一心同聲以偈頌曰

BD01181　妙法蓮華經卷三

見哀愍饒益我等所獻宮殿願垂納受尒時
諸梵天王即於佛前一心同聲以偈頌曰
世尊甚難見　破諸煩惱者　過百三十劫　今乃得一見
諸飢渴衆生　以法雨充滿　昔所未曾覩　无量智慧者
如優曇波羅　今日乃值遇
我等諸宮殿　蒙光故嚴飾　世尊大慈愍　唯願垂納受
尒時諸梵天王偈讚佛已各作是言唯願世
尊轉於法輪令一切世間諸天魔梵沙門婆
羅門皆獲安隱而得度脫時諸梵天王一心
同聲以偈頌曰
唯願天人尊　轉无上法輪　擊于大法鼓　而吹大法蠡
普雨大法雨　度无量衆生　我等咸歸請　當演深遠音
尒時大通智勝如來嘿然許之西南方乃至
下方亦復如是
尒時上方五百萬億國土諸

所止宮殿光明威曜昔所未有歡喜踊躍
生希有心即各相詣共議此事以何因緣我
等宮殿有斯光明而彼衆中有一大梵天王
名曰尸棄為諸梵衆而說偈言
今以何因緣　我等諸宮殿　威德光明曜　嚴飾未曾有
如是之妙相　昔所未聞見　為大德天生　為佛出世間
尒時五百万億諸梵天王與宮殿俱各以衣
祴盛諸天華共詣下方推尋此相見大通智
勝如來處于道場菩提樹下坐師子座諸天
龍王乾闥婆緊那羅摩睺羅伽人非人等恭
敬圍繞及見十六王子請佛轉法輪時諸梵
天王頭面礼佛繞百千迊即以天華而散佛
上所散之華如須弥山并以供養佛菩提樹
華供養已各以宮殿奉上彼佛而作是言唯

華供養已各以宮殿奉上彼佛而作是言唯
見哀愍饒益我等所獻宮殿願垂納受尒時
諸梵天王即於佛前一心同聲以偈頌曰
善哉見諸佛　救世之聖尊　能於三界獄　勉出諸衆生
普智天人尊　愍哀群萠類　能開甘露門　廣度於一切
於昔无量劫　空過无有佛　世尊未出時　十方常闇冥
三惡道增長　阿脩羅亦盛　諸天衆轉減　死多墮惡道
不從佛聞法　常行不善事　色力及智慧　斯等皆減少
罪業因緣故　失樂及樂想
住於耶見法　不識善儀則　不蒙佛所化　常墮於惡道
佛為世間眼　久遠時乃出　哀愍諸衆生　故現於世間
超出成正覺　我等甚欣慶　及餘一切衆　喜歎未曾有
我等諸宮殿　蒙光故嚴飾　今以奉世尊　唯垂哀納受
願以此功德　普及於一切　我等與衆生　皆共成佛道

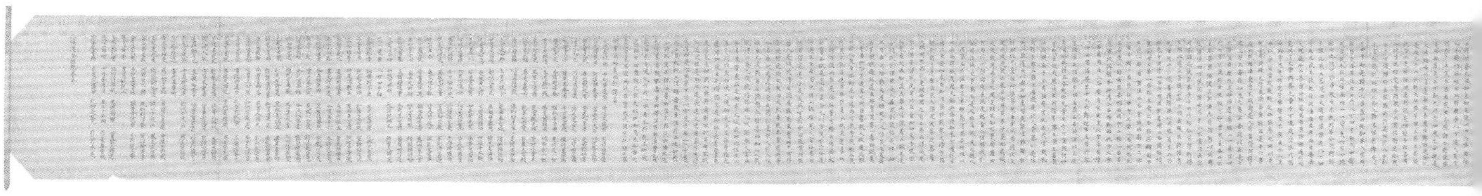

時諸梵天王而說偈言
世尊轉法輪　擊甘露法鼓　度苦惱衆生　開示涅槃道
唯願受我請　以大微妙音　哀愍而敷演　无量劫集法
尒時大通智勝如來受十方諸梵天王及十
六王子請即時三轉十二行法輪若沙門婆羅
門若天魔梵及餘世間所不能轉謂是苦
是苦集是苦滅是苦滅道及廣說十二因緣
法无明緣行行緣識識緣名色名色緣六入
六入緣觸觸緣受受緣愛愛緣取取緣有有
緣生生緣老死憂悲苦惱无明滅則行滅行
滅則識滅識滅則名色滅名色滅則六入滅六
入滅則觸滅觸滅則受滅受滅則愛滅愛滅
則取滅取滅則有滅有滅則生滅生滅則

則取滅取滅則有滅有滅則生滅生滅則
老死憂悲苦惱滅佛於天人大衆之中說是
法時六百万億那由他人以不受一切法故
而於諸漏心得解脫皆得深妙禪定三明六
通具八解脫第二第三第四說法時千万億
恒河沙那由他等衆生亦以不受一切法故
而於諸漏心得解脫從是已後諸聲聞衆无
量无邊不可稱數尒時十六王子皆以童子
出家而爲沙弥諸根通利智慧明了已曾供
養百千万億諸佛淨脩梵行求阿耨多羅三
藐三菩提俱白佛言世尊是諸无量千万億
大德聲聞皆已成就世尊亦當爲我等說阿
耨多羅三藐三菩提法我等聞已皆共脩學
世尊我等志願如来知見深心所念佛自證

六王子出家亦求出家王即聽許尒時彼佛
受沙弥請過二万劫已乃於四衆之中說是
大乘經名妙法蓮華教菩薩法佛所護念說
是經已十六沙弥為阿耨多羅三藐三菩提
故皆共受持諷誦通利說是經時十六菩薩
沙弥皆悉信受聲聞衆中亦有信解其餘衆
生千万億種皆生疑惑佛說是經於八千劫
未曾休廢說此經已即入靜室住於禪定八
万四千劫是時十六菩薩沙弥知佛入室寂
然禪定各昇法座亦於八万四千劫為四部
衆廣說分別妙法華經一一皆度六百万億
那由他恒河沙等衆生示教利喜令發阿耨
多羅三藐三菩提心大通智勝佛過八万四
千劫已從三昧起往詣法座安庠而坐普告

千劫已從三昧起往詣法座安庠而坐普告
大衆是十六菩薩沙弥甚為希有諸根通利智
慧明了已曾供養无量千万億數諸佛於諸
佛所常脩梵行受持佛智開示衆生令入其
中汝等皆當數數親近而供養之所以者
何若聲聞辟支佛及諸菩薩能信是十六菩
薩所說經法受持不毀者是人皆當得阿耨多
羅三藐三菩提如來之慧佛告諸比丘是十
六菩薩常樂說是妙法蓮華經一一菩薩所
化六百万億那由他恒河沙等衆生世世所
生與菩薩俱從其聞法悉皆信解以此因
緣得值四万億諸佛世尊于今不盡諸比丘
我今語汝彼佛弟子十六沙弥今皆得阿耨
多羅三藐三菩提於十方國土現在說法有

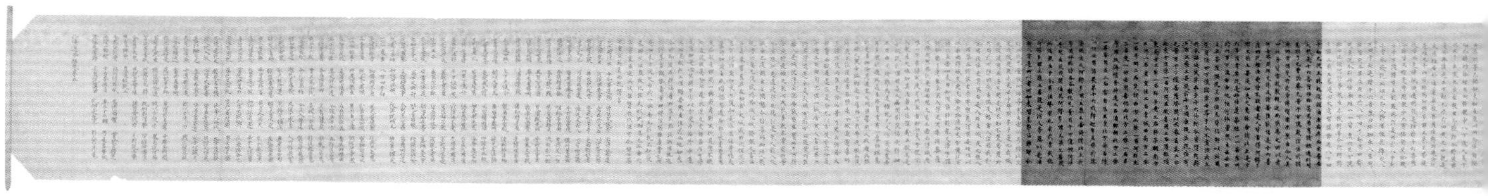

東南方二佛一名師子音二名師子相南方
二佛一名虛空住二名常滅西南方二佛
一名帝相二名梵相西方二佛一名阿弥陁
二名度一切世間苦惱西北方二佛一名多
摩羅跋栴檀香神通二名須弥相北方二佛
一名雲自在二名雲自在王東北方佛名壞
一切世間怖畏第十六我釋迦牟尼佛於娑
婆國土成阿耨多羅三藐三菩提諸比丘我
等為沙弥時各各教化无量百千万億恒河沙
等衆生從我聞法為阿耨多羅三藐三菩提
此諸衆生于今有住聲聞地者我常教化
阿耨多羅三藐三菩提是諸人等應以是法
漸入佛道所以者何如來智慧難信難解尒

漸入佛道所以者何如來智慧難信難解尒
時所化无量恒河沙等眾生者汝等諸比丘
及我滅度後未來世中聲聞弟子是也我滅
度後復有弟子不聞是經不知不覺菩薩所
行自於所得功德生滅度想當入涅槃我於
餘國作佛更有異名是人雖生滅度之想入
於涅槃而於彼土求佛智慧得聞是經唯以
佛乘而得滅度更无餘乘除諸如來方便說法
諸比丘若如來自知涅槃時到眾又清淨信
解堅固了達空法深入禪定便集諸菩薩
及聲聞眾為說是經世間无有二乘而得滅度
唯一佛乘得滅度耳比丘當知如來方便深
入眾生之性知其志樂小法深著五欲為是
等故說於涅槃是人若聞則便信受譬如

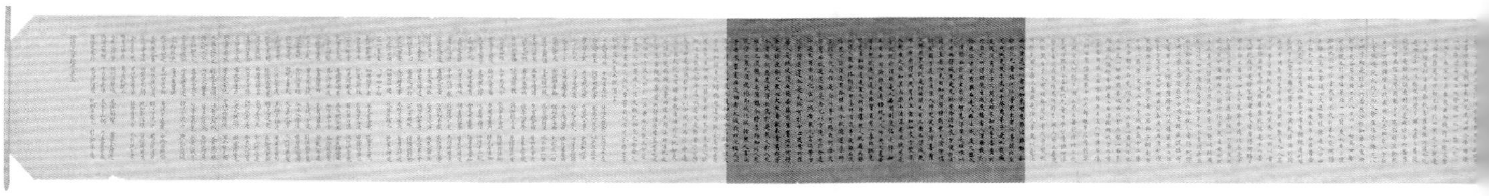

明達善知險道通塞之相將導眾人欲過此難
所將人眾中路懈退白導師言我等疲極而復
怖畏不能復進前路猶遠今欲退還導師
多諸方便而作是念此等可愍云何捨大
珎寶而欲退還作是念已以方便力於險道
中過三百由旬化作一城告眾人言汝等勿
怖莫得退還今是大城可於中止隨意所作
若入是城快得安隱若能前至寶所亦可得
去是時疲極之眾心大歡喜歎未曾有我等
今者免斯惡道快得安隱於是眾人前入化
城生已度想生安隱想尒時導師知此人眾
既得止息无復疲惓即滅化城語眾人言汝
等去來寶處在近向者大城我所化作為止

等去来寶處在近向者大城我所化作為止
息耳諸比丘如来亦復如是今為汝等作大
導師知諸生死煩惱悪道險難長遠應去應
度若衆生但聞一佛乘者則不欲見佛不欲
親近便作是念佛道長遠久受懃苦乃可得
成佛知是心怯弱下劣以方便力而於中道
為止息故說二涅槃若衆生住於二地如来
尒時即便為說汝等所作未辦汝所住地近
於佛慧當觀察籌量所得涅槃非真實也但
是如来方便之力於一佛乘分別說三如彼
導師為止息故化作大城既知息已而告之
言寶處在近此城非實我化作耳尒時世尊
欲重宣此義而說偈言
大通智勝佛　十劫坐道場　佛法不現前　不得成佛道

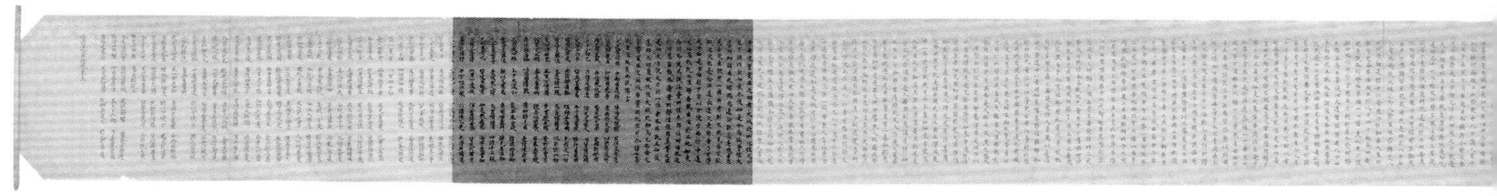

諸天擊天鼓　并作衆伎樂　香風吹萎華　更雨新好者
過十小劫已　乃得成佛道　諸天及世人　心皆懷踊躍
彼佛十六子　皆與其眷屬　千万億圍繞　俱行至佛所
頭面礼佛足　而請轉法輪　聖師子法雨　充我及一切
世尊甚難值　久遠時一現　爲覺悟群生　振動於一切
東方諸世界　五百万億國　梵宮殿光曜　昔所未曾有
諸梵見此相　尋来至佛所　散華以供養　并奉上宮殿
請佛轉法輪　以偈而讚歎　佛知時未至　受請嘿然坐
三方及四維　上下亦復尒　散華奉宮殿　請佛轉法輪
世尊甚難值　願以大慈悲　廣開甘露門　轉无上法輪
无量慧世尊　受彼衆人請　爲宣種種法　四諦十二緣
无明至老死　皆從生緣有　如是衆過患　汝等應當知
宣暢是法時　六百万億姟　得盡諸苦際　皆成阿羅漢
第二說法時　千万恒沙衆　於諸法不受　亦得阿羅漢
從是後得道　其數無有量　万億劫算數　不能得其邊

第二說法時　千万恒沙衆　於諸法不受　亦得阿羅漢
從是後得道　其數无有量　万億劫筭數　不能得其邊
時十六王子　出家作沙弥　皆共請彼佛　演說大乘法
我等及營從　皆當成佛道　願得如世尊　慧眼第一淨
佛知童子心　宿世之所行　以无量因緣　種種諸譬喻
說六波羅蜜　及諸神通事　分別真實法　菩薩所行道
說是法華經　如恒河沙偈　彼佛說經已　靜室入禪定
一心一處坐　八万四千劫
是諸沙弥等　知佛禪未出　為无量億衆　說佛无上慧
各各坐法座　說是大乘經　於佛宴寂後　宣揚助法化
一一沙弥等　所度諸衆生　有六百万億　恒河沙等衆
彼佛滅度後　是諸聞法者　在在諸佛土　常與師俱生
是十六沙弥　具足行佛道　今現在十方　各得成正覺
尒時聞法者　各在諸佛所　其有住聲聞　漸教以佛道

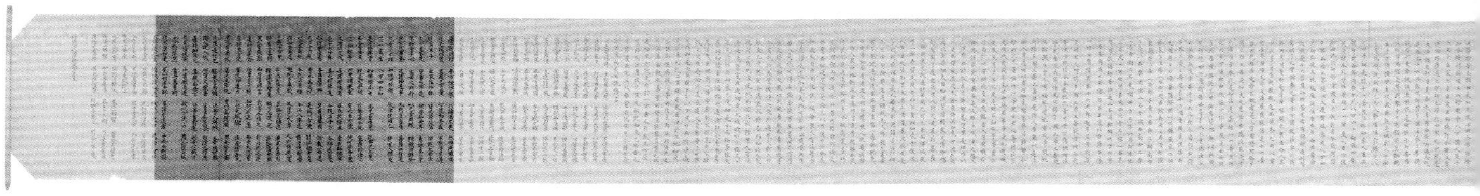

譬如險惡道　迥絶多毒獸　又復无水草　人所怖畏處
无數千万衆　欲過此險道　其路甚曠遠　逕五百由旬
時有一導師　强識有智慧　明了心決定　在險濟衆難
衆人皆疲倦　而白導師言　我等今頓乏　於此欲退還
導師作是念　此輩甚可愍　如何欲退還　而失大珍寶
尋時思方便　當設神通力　化作大城郭　莊嚴諸舍宅
周匝有園林　渠流及浴池　重門高樓閣　男女皆充滿
即作是化已　慰衆言勿懼　汝等入此城　各可隨所樂
諸人既入城　心皆大歡喜　皆生安隱想　自謂已得度
導師知息已　集衆而告言　汝等當前進　此是化城耳
我見汝疲極　中道欲退還　故以方便力　權化作此城
汝今勤精進　當共至寶所
我亦復如是　為一切導師　見諸求道者　中路而懈廢
不能度生死　煩惱諸險道　故以方便力　為息說涅槃

我亦復如是　為一切導師　見諸求道者　中路而懈廢
不能度生死　煩惱諸險道　故以方便力　為息說涅槃
言汝等苦滅　所作皆已辦　既知到涅槃　皆得阿羅漢
尒乃集大衆　為說真實法　諸佛方便力　分別說三乘
唯有一佛乘　息處故說二
今為汝說實　汝所得非滅　為佛一切智　當發大精進
汝證一切智　十力等佛法　具三十二相　乃是真實滅
諸佛之導師　為息說涅槃　既知是息已　引入於佛慧

妙法蓮華經卷第三

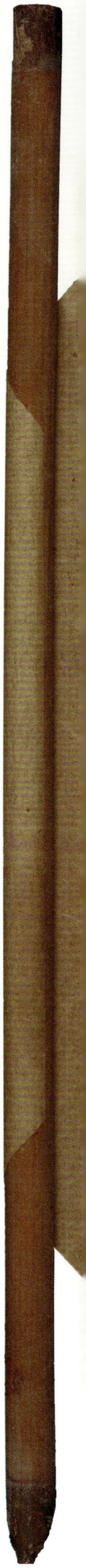

BD01181　妙法蓮華經卷三

BD01182 妙法蓮華經卷三

（後秦）鳩摩羅什 譯

319.5cm × 25cm

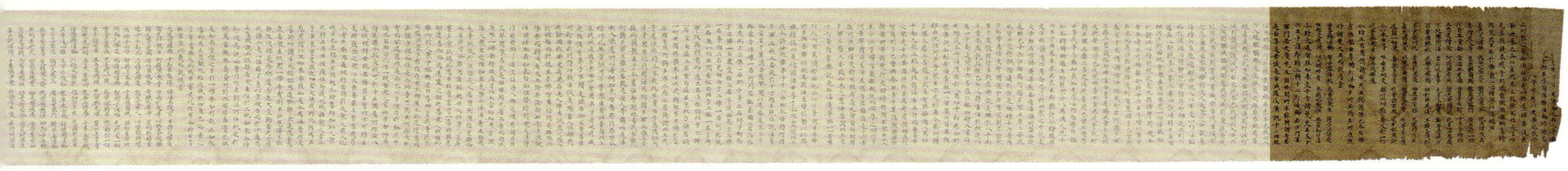

[illegible]羅伽人非人等恭
[illegible]十六王子請佛轉法輪時諸梵
[illegible]百千帀即以天華而散佛
[illegible]
上所散之華如須弥山并以供養佛菩提樹
華供養已各以宮殿奉上彼佛而作是言唯
見哀愍饒益我等所獻宮殿願垂納處時
諸梵天王即於佛前一心同聲以偈頌曰
善哉見諸佛　救世之聖尊　能於三界獄　挽出諸衆生
普智天人尊　哀愍群萠類　能開甘露門　廣度於一切
於昔無量劫　空過無有佛　世尊未出時　十方常暗瞑
三惡道增長　阿脩羅亦盛　諸天衆轉減　死多墮惡道
不從佛聞法　常行不善事　色力及智慧　斯等皆減少
罪業因緣故　失樂及樂想　住於邪見法　不識善儀則

哀愍諸衆生 故現於世間 超出成正覺 我等甚欣慶
及餘一切衆 喜歎未曾有 我等諸宮殿 蒙光故嚴飾
今以奉世尊 唯垂哀納受 願以此功德 普及於一切
我等與衆生 皆共成佛道
尒時五百萬億諸梵天王偈讚佛已各白佛
言唯願世尊轉於法輪多所安隱多所度脫
時諸梵天王而說偈言
世尊轉法輪 擊甘露法鼓 度苦惱衆生 開示涅槃道
唯願受我請 以大微妙音 哀愍而敷演 無量劫習法
尒時大通智勝如來受十方諸梵天王及十
六王子請即時三轉十二行法輪若沙門婆
羅門若天魔梵及餘世間所不能轉謂是苦
是苦集是苦滅是苦滅道及廣說十二因緣

BD01182 妙法蓮華經卷三

是苦集是苦滅是苦滅道及廣説十二因緣
法無明緣行行緣識識緣名色名色緣六入
六入緣觸觸緣受受緣愛愛緣取取緣有有
緣生生緣老死憂悲苦惱無明滅則行滅行
滅則識滅識滅則名色滅名色滅則六入滅六
入滅則觸滅觸滅則受滅受滅則愛滅愛滅
則取滅取滅則有滅有滅則生滅生滅則
老死憂悲苦惱滅佛於天人大衆之中説是
法時六百萬億那由他人以不受一切法故
而於諸漏心得解脱皆得深妙禪定三明六
通具八解脱第二第三第四説法時千萬億
恒河沙那由他等衆生亦以不受一切法故而
於諸漏心得解脱從是已後諸聲聞衆無
量無邊不可稱數爾時十六王子皆以童子

養百千萬億諸佛淨脩梵行求阿耨多羅
三藐三菩提俱白佛言世尊是諸無量千萬億
大德聲聞皆已成就世尊亦當為我等說阿
耨多羅三藐三菩提法我等聞已皆共脩學
世尊我等志願如來知見深心所念佛自證
知尒時轉輪聖王所將衆中八萬億人見十
六王子出家亦求出家王即聽許尒時彼佛
受沙弥請過二萬劫已乃於四衆之中說是
大乘經名妙法蓮華教菩薩法佛所護念說
是經已十六沙弥為阿耨多羅三藐三菩提
故皆共受持諷誦通利說是經時十六菩薩
沙弥皆悉信受聲聞衆中亦有信解其餘衆
生千萬億種皆生疑惑佛說是經於八千劫

生千萬億種皆生疑惑佛說是經於八千劫
未曾休廢說此經已即入靜室住於禪定八
萬四千劫是時十六菩薩沙弥知佛入室寂
然禪定各昇法座亦於八萬四千劫為四部
衆廣說分別妙法華經一一皆度六百萬億
那由他恒河沙等衆生示教利喜令發阿耨
多羅三藐三菩提心大通智勝佛過八萬四
千劫已從三昧起往詣法座安詳而坐普告
大衆是十六菩薩沙弥甚為希有諸根通利
智慧明了已曾供養無量千萬億數諸佛於
諸佛所常脩梵行受持佛智開示衆生令入
其中汝等皆當數數親近而供養之所以者
何若聲聞辟支佛及諸菩薩能信是十六菩
薩所說經法受持不毀者是人皆當得阿耨

十六菩薩常樂說是妙法蓮華經一一菩薩
所化六百萬億那由他恒河沙等衆生世世
所生與菩薩俱從其聞法悉皆信解以此因
緣得值四萬億諸佛世尊于今不盡諸比丘
我今語汝彼佛弟子十六沙彌今皆得阿耨
多羅三藐三菩提於十方國土現在說法有
無量百千萬億菩薩聲聞以為眷屬其二沙
彌東方作佛一名阿閦在歡喜國二名須彌
頂東南方二佛一名師子音二名師子相南
方二佛一名虛空住二名常滅西南方二佛
一名帝相二名梵相西方二佛一名阿彌陀
二名度一切世間苦惱西北方二佛一名多摩
羅跋栴檀香神通二名須彌相北方二佛

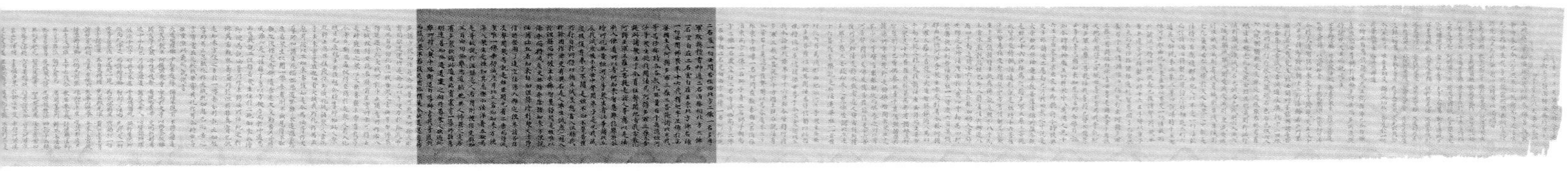

二名度一切世間苦惱西北方二佛一名多摩
羅跋旃檀香神通二名須弥相北方二佛
一名雲自在二名雲自在王東北方佛名壞
一切世間怖畏第十六我釋迦牟尼佛於娑
婆國土成阿耨多羅三藐三菩提諸比丘我
等為沙弥時各各教化無量百千萬億恒河
沙等衆生從我聞法為阿耨多羅三藐三菩
提此諸衆生于今有住聲聞地者我常教化
阿耨多羅三藐三菩提是諸人等應以是法
漸入佛道所以者何如來智慧難信難解尒
時所化無量恒河沙等衆生者汝等諸比丘
及我滅度後未來世中聲聞弟子是也我滅
度後復有弟子不聞是經不知不覺菩薩
所行自於所得功德生滅度想當入涅槃我

者餘國作佛更有異名是人雖生滅度之想入
於涅槃而於彼土求佛智慧得聞是經唯以
佛乘而得滅度更無餘乘除諸如來方便說
法諸比丘若如來自知涅槃時到衆又清淨
信解堅固了達空法深入禪定便集諸菩薩
及聲聞衆為說是經世間无有二乘而得滅
度唯一佛乘得滅度耳比丘當知如來方便
深入衆生之性知其志樂小法深著五欲為
是等故說於涅槃是人若聞則便信受譬如
五百由旬險難惡道曠絕無人怖畏之處若
有多衆欲過此道至珎寶處有一導師聰慧
明達善知險道通塞之相將導衆人欲過此
難所將人衆中路懈退白導師言我等疲極
而復怖畏不能復進前路猶遠今欲退還導師

而復怖畏不能復進前路猶遠今欲退還導師
多諸方便而作是念此等可愍云何捨大珎
寶而欲退還作是念已以方便力於險道中
過三百由旬化作一城告衆人言汝等勿怖莫
得退還今此大城可於中止隨意所作若入
是城快得安隱若能前至寶所亦可得去
是時疲極之衆心大歡喜歎未曾有我等
今者免斯惡道快得安隱於是衆人前入化
城生已度想生安隱想尒時導師知此人衆
既得止息無復疲倦即滅化城語衆人言汝
等去來寶處在近向者大城我所化作為正
息耳諸比丘如來亦復如是今為汝等作大
導師知諸生死煩惱惡道險難長遠應去應
度若衆生但聞一佛乘者則不欲見佛不欲

成佛知是心怯弱下劣以方便力而於中道為
止息故說二涅槃若衆生住於二地如來尒時
即便為說汝等所作未辦汝所住地近於
佛慧當觀察籌量所得涅槃非真實也但
是如來方便之力於一佛乘分別說三如彼
導師為止息故化作大城既知息已而告之
言寶處在近此城非實我化作耳尒時世尊
欲重宣此義而說偈言
大通智勝佛　十劫坐道場　佛法不現前　不得成佛道
諸天神龍王　阿脩羅衆等　常雨於天華　以供養彼佛
諸天擊天鼓　并作衆伎樂　香風吹萎華　更雨新好者
過十小劫已　乃得成佛道　諸天及世人　心皆懷踊躍
彼佛十六子　皆與其眷屬　千萬億圍繞　俱行至佛所

BD01182　妙法蓮華經卷三

彼佛十六子　皆與其眷屬　千萬億圍繞　俱行至佛所
頭面礼佛足　而請轉法輪　聖師子法雨　充我及一切
世尊甚難值　久遠時一現　為覺悟群生　震動於一切
東方諸世界　五百萬億國　梵宮殿光曜　昔所未曾有
諸梵見此相　尋來至佛所　散華以供養　并奉上宮殿
請佛轉法輪　以偈而讚歎　佛知時未至　受請默然坐
三方及四維　上下亦復尒　散華奉宮殿　請佛轉法輪
世尊甚難值　願以大慈悲　廣開甘露門　轉無上法輪
無量慧世尊　受彼衆人請　為宣種種法　四諦十二緣
無明至老死　皆從生緣有　如是衆過患　汝等應當知
宣暢是法時　六百萬億姟　得盡諸苦際　皆成阿羅漢
第二說法時　千萬恒沙衆　於諸法不受　亦得阿羅漢
從是後得道　其數無有量　萬億劫筭數　不能得其邊
時十六王子　出家作沙弥　皆共請彼佛　演說大乘法

我等及營從　皆當成佛道　願得如世尊　[illegible]
佛知童子心　宿世之所行　以無量因緣　種種諸譬喻
說六波羅蜜　及諸神通事　分別真實法　菩薩所行道
說是法華經　如恒河沙偈　彼佛說經已　靜室入禪定
一心一處坐　八萬四千劫　是諸沙弥等　知佛禪未出
為無量億眾　說佛無上慧　各各坐法座　說是大乘經
於佛宴寂後　宣揚助法化　一一沙弥等　所度諸眾生
有六百萬億　恒河沙等眾　彼佛滅度後　是諸聞法者
在在諸佛土　常與師俱生　是十六沙弥　具足行佛道
今現在十方　各得成正覺　尒時聞法者　各在諸佛所
其有住聲聞　漸教以佛道　我在十六數　曾亦為汝說
是故以方便　引汝趣佛慧　以是本因緣　今說法華經
令汝入佛道　慎勿懷驚懼　譬如險惡道　迥絕多毒獸
又復無水草　人所怖畏處　無數千萬眾　欲過此險道

BD01182　妙法蓮華經卷三

又復無水草　人所怖畏處　無數千萬衆　欲過此險道
其路甚曠遠　經五百由旬　時有一導師　強識有智慧
明了心決定　在險濟衆難　衆人皆疲倦　而白導師言
我等今頓乏　於此欲退還　導師作是念　此輩甚可愍
如何欲退還　而失大珍寶　尋時思方便　當設神通力
化作大城郭　莊嚴諸舍宅　周帀有園林　渠流及浴池
重門高樓閣　男女皆充滿　即作是化已　慰衆言勿懼
汝等入此城　各可隨所樂　諸人既入城　心皆大歡喜
皆生安隱想　自謂已得度　導師知息已　集衆而告言
汝等當前進　此是化城耳　我見汝疲極　中路欲退還
故以方便力　權化作此城　汝今勤精進　當共至寶所
我亦復如是　為一切導師　見諸求道者　中路而懈廢
不能度生死　煩惱諸嶮道　故以方便力　為息說涅槃
言汝等苦滅　所作皆已辦　既知到涅槃　皆得阿羅漢

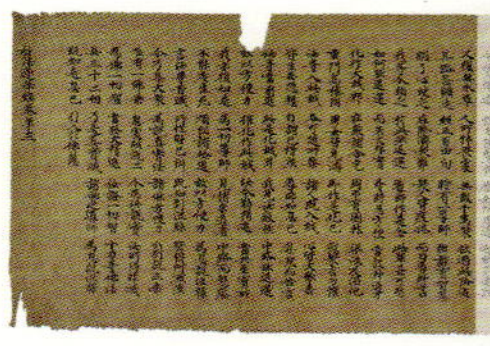

[illegible]

唯有一佛乘　息處故說二　今為汝說實　汝所得非滅
為佛一切智　當發大精進　汝證一切智　十力等佛法
具三十二相　乃是真實滅　諸佛之導師　為息說涅槃
既知是息已　引入於佛慧

妙法蓮華經卷第三

BD01183 大般若波羅蜜多經卷四〇四

（唐）玄奘 譯

BD01183v 雜寫

35.1cm × 27.1cm

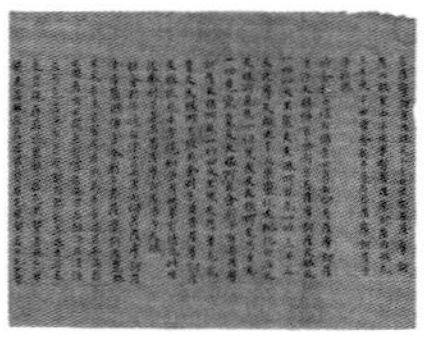

菩薩摩訶薩肉眼見小千世界有菩薩摩訶
薩肉眼見中千世界有菩薩摩訶薩肉眼見
三千大千世界舍利子是名菩薩摩訶薩清
淨肉眼
時舍利子復白佛言世尊云何菩薩摩訶薩
清淨天眼佛言舍利子菩薩摩訶薩天眼見
一切四大王衆天天眼所見見一切三十三
天夜摩天覩史多天樂變化天他化自在天
天眼所見見一切梵衆天天眼所見乃至見
一切色究竟天天眼所見舍利子有菩薩摩
訶薩天眼所見一切四大王衆天乃至色究
竟天天眼所不能見舍利子諸菩薩摩訶薩

[illegible]
時舍利子復白佛言世尊云何菩薩摩訶薩
清淨慧眼佛言舍利子菩薩摩訶薩慧眼
不見有法若有為若無為若有漏若無漏若
世間若出世間若有罪若無罪若雜染若清淨
若有色若無色若有對若無對若過去若未
来若現在若欲界繫若色界繫若無色界
繫来若現在若欲界繫若色界繫若無色界繫

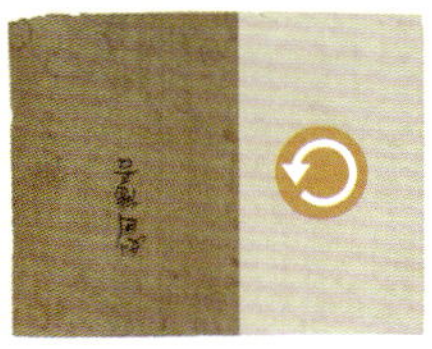

妙囙憣吾

BD01183v　雜寫

BD01184　妙法蓮華經（八卷本）卷五

（後秦）鳩摩羅什　譯

563.7cm × 25.8cm

是則名爲 行處近處 以此二處 能安樂說
又復不行 上中下法 有爲無爲 實不實法
亦不分別 是男是女 不得諸法 不知不見
是則名爲 菩薩行處 一切諸法 空無所有
無有常住 亦無起滅 是名智者 所親近處
顛倒分別 諸法有無 是實非實 是生非生
在於閑處 修攝其心 安住不動 如須彌山
觀一切法 皆無所有 猶如虛空 無有堅固
不生不出 不動不退 常住一相 是名近處
若有比丘 於我滅後 入是行處 及親近處
說斯經時 無有怯弱 菩薩有時 入於靜室
以正憶念 隨義觀法 從禪定起 爲諸國王
王子臣民 婆羅門等 開化演暢 說斯經典

其心安隱無有怯弱　文殊師利　是名菩薩
安住初法　能於後世　說法華經
又文殊師利如來滅後於末法中欲說是經
應住安樂行若口宣說若讀經時不樂說人
及經典過亦不輕慢諸餘法師不說他人好
惡長短於聲聞人亦不稱名說其過惡亦不
稱名讚歎其美又亦不生怨嫌之心善修如
是安樂心故諸有聽者不逆其意有所難問
不以小乘法荅但以大乘而為解說令得一
切種智尒時世尊欲重宣此義而說偈言
菩薩常樂　安隱說法　於清淨地　而施牀座
以油塗身　澡浴塵穢　著新淨衣　內外俱淨
安處法座　隨問為說　若有比丘　及比丘尼
諸優婆塞　及優婆夷　國王王子　群臣士民

安處法座 隨問為說 若有比丘 及比丘尼
諸優婆塞 及優婆夷 國王王子 羣臣士民
以微妙義 和顏為說 若有難問 隨義而答
因緣譬喻 敷演分別 以是方便 皆使發心
漸漸增益 入於佛道 除嬾惰意 及懈怠想
離諸憂惱 慈心說法 晝夜常說 無上道教
以諸因緣 无量譬喻 開示衆生 咸令歡喜
衣服臥具 飲食醫藥 而於其中 無所悕望
但一心念 說法因緣 願成佛道 令衆亦尒
是則大利 安樂供養 我滅度後 若有比丘
能演說斯 妙法華經 心無嫉恚 諸惱障礙
亦無憂愁 及罵詈者 又無怖畏 加刀杖等
亦無擯出 安住忍故 智者如是 善脩其心
能住安樂 如我上說 其人功德 千萬億劫

筭數譬喻　說不能盡
又文殊師利菩薩摩訶薩於後末世法欲滅
時受持讀誦斯經典者無懷嫉妬諂誑之心
亦勿輕罵學佛道者求其長短若比丘比丘
尼優婆塞優婆夷求聲聞者求辟支佛者求
菩薩道者無得惱之令其疑悔語其人言汝
等去道甚遠終不能得一切種智所以者何
汝是放逸之人於道懈怠故又亦不應戲論
諸法有所諍競當於一切眾生起大悲想於
諸如來起慈父想於諸菩薩起大師想於十
方諸大菩薩常應深心恭敬禮拜於一切眾
生平等說法以順法故不多不少乃至深愛
法者亦不為多說文殊師利是菩薩摩訶薩
於後末世法欲滅時有成就是第三安樂行

於後末世法欲滅時有成就是第三安樂行
者說是法時無能惱亂得好同學共讀誦是
經亦得大衆而來聽受聽已能持持已能誦
誦已能說說已能書若使人書供養經卷恭
敬尊重讚歎尒時世尊欲重宣此義而說偈
言
若欲說是經　當捨嫉恚慢　諂誑邪偽心　常修質直行
不輕蔑於人　亦不戲論法　不令他疑悔　云汝不得佛
是佛子說法　常柔和能忍　慈悲於一切　不生懈怠心
十方大菩薩　愍衆故行道　應生恭敬心　是則我大師
於諸佛世尊　生無上父想　破於憍慢心　說法無障礙
第三法如是　智者應守護　一心安樂行　無量衆所敬
又文殊師利菩薩摩訶薩於後末世法欲滅

時有持是法華經者於在家出家人中生大
慈心於非菩薩人中生大悲心應作是念如是
之人則為大失如來方便隨宜說法不聞不
知不覺不問不信不解其人雖不問不信不
解是經我得阿耨多羅三藐三菩提時隨在
何地以神通力智慧力引之令得住是法中
文殊師利是菩薩摩訶薩於如來滅後有成
就此第四法者說是法時無有過失常為比
丘比丘尼優婆塞優婆夷國王王子大臣人
民婆羅門居士等供養恭敬尊重讚歎虛空
諸天為聽法故亦常隨侍若在聚落城邑空
閑林中有人來欲難問者諸天晝夜常為法
故而衛護之能令聽者皆得歡喜所以者何
此經是一切過去未來現在諸佛神力所護

故而衛護之能令聽者皆得歡喜所以者何
此經是一切過去未来現在諸佛神力所護
故文殊師利是法華經於無量國中乃至名
字不可得聞何况得見受持讀誦文殊師利
譬如强力轉輪聖王欲以威勢降伏諸國而
諸小王不順其命時轉輪王起種種兵而往
討伐王見兵衆戰有功者即大歡喜隨功賞
賜或與田宅聚落城邑或與衣服嚴身之具
或與種種珍寶金銀瑠璃車𤦲馬瑙珊瑚虎
珀象馬車乘奴婢人民唯髻中明珠不以與
之所以者何獨王頂上有此一珠若以與之
王諸眷屬必大驚怪文殊師利如来亦復如
是以禪定智慧力得法國土王於三界而諸
魔王不肯順伏如来賢聖諸將與之共戰其

有功者心亦歡喜於四衆中爲説諸經令其
心悦賜以禪定解脫無漏根力諸法之財又
復賜與涅槃之城言得滅度引導其心令皆
歡喜而不爲説是法華經文殊師利如轉輪
王見諸兵衆有大功者心甚歡喜以此難信
之珠久在髻中不妄與人而今與之如來亦
復如是於三界中爲大法王以法教化一切
衆生見賢聖軍與五陰魔煩惱魔死魔共戰
有大功勳滅三毒出三界破魔網爾時如來
亦大歡喜此法華經能令衆生至一切智一
切世間多怨難信先所未説而今説之文殊
師利此法華經是諸如來第一之説於諸説
中最爲甚深末後賜與如彼強力之王久護
明珠今乃與之文殊師利此法華經諸佛如

BD01184　妙法蓮華經（八卷本）卷五

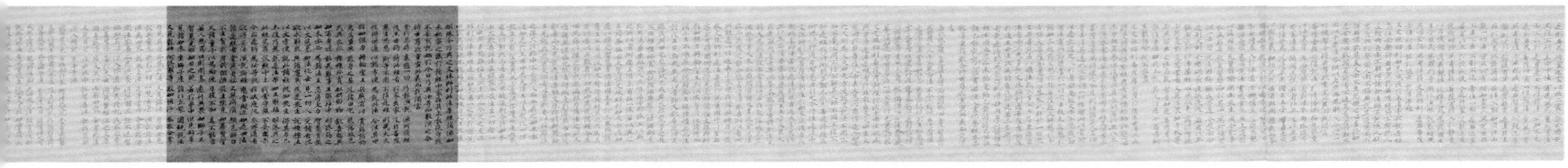

中最爲甚深末後賜與如彼強力之王久護
明珠今乃與之文殊師利此法華經諸佛如
来秘密之藏於諸經中最在其上長夜守護
不妄宣說始於今日乃與汝等而敷演之尒
時世尊欲重宣此義而說偈言
常行忍辱 哀愍一切 乃能演說 佛所讚經
後末世時 持此經者 於家出家 及非菩薩
應生慈悲 斯等不聞 不信是經 則爲大失
我得佛道 以諸方便 爲說此法 令住其中
譬如強力 轉輪聖王 兵戰有功 賞賜諸物
爲馬車乘 嚴身之具 及諸田宅 聚落城邑
或與衣服 種種珍寶 奴婢財物 歡喜賜與
如有勇健 能爲難事 王解髻中 明珠賜之
如來亦尒 爲諸法王 忍辱大力 智慧寶藏

以大慈悲　如法化世　見一切人　受諸苦惱
欲求解脫　與諸魔戰　為是眾生　說種種法
以大方便　說此諸經　既知眾生　得其力已
末後乃為　說是法華　如王解髻　明珠與之
此經為尊　眾經中上　我常守護　不妄開示
今正是時　為汝等說　我滅度後　求佛道者
欲得安隱　演說斯經　應當親近　如是四法
讀是經者　常無憂惱　又無病痛　顏色鮮白
不生貧窮　卑賤醜陋　眾生樂見　如慕賢聖
天諸童子　以為給使　刀杖不加　毒不能害
若人惡罵　口則閉塞　遊行無畏　如師子王
智慧光明　如日之照　若於夢中　但見妙事
見諸如來　坐師子座　諸比丘眾　圍繞說法
又見龍神　阿修羅等　數如恒沙　恭敬合掌

見諸如來　坐師子座　諸比丘衆　圍繞說法
又見龍神　阿修羅等　數如恒沙　恭敬合掌
自見其身　而爲說法　又見諸佛　身相金色
放無量光　照於一切　以梵音聲　演說諸法
佛爲四衆　說無上法　見身處中　合掌讚佛
聞法歡喜　而爲供養　得陀羅尼　證不退智
佛知其心　深入佛道　即爲授記　成最正覺
汝善男子　當於來世　得無量智　佛之大道
國土嚴淨　廣大無比　亦有四衆　合掌聽法
又見自身　在山林中　修習善法　證諸實相
深入禪定　見十方佛
諸佛身金色　百福相莊嚴　聞法爲人說　常有是好夢
又夢作國王　捨宮殿眷屬　及上妙五欲　行詣於道場
在菩提樹下　而處師子座　求道過七日　得諸佛之智

成無上道已　起而轉法輪　為四衆說法　經千萬億劫
說無漏妙法　度無量衆生　後當入涅槃　如油盡燈滅
若後惡世中　說是第一法　是人得大利　如上諸功德
妙法蓮華經從地踊出品第十五
尒時他方國土諸來菩薩摩訶薩過八恒河
沙數於大衆中起合掌作礼而白佛言世尊
若聽我等於佛滅度後此娑婆世界勤加精
進護持讀誦書寫供養是經典者當於此土
而廣說之尒時佛告諸菩薩摩訶薩衆止善
男子不須汝等護持此經所以者何我娑婆
世界自有六萬恒河沙等菩薩摩訶薩一一
菩薩各有六萬恒河沙眷屬是諸人等能於
我滅後護持讀誦廣說此經佛說是時娑
婆世界三千大千國土地皆震裂而於其中有

BD01184　妙法蓮華經（八卷本）卷五

我滅後誦持讀誦廣說此經佛說是時娑
婆世界三千大千國土地皆震裂而於其中有
无量千萬億菩薩摩訶薩同時踊出是諸菩
薩身皆金色三十二相無量光明先盡在此
娑婆世界之下此界虛空中住是諸菩薩聞
釋迦牟尼佛所說音聲從下發來一一菩薩
皆是大衆唱導之首各將六萬恒河沙眷屬
況將五萬四萬三萬二萬一萬恒河沙等眷
屬者況復乃至一恒河沙半恒河沙四分之
一乃至千萬億那由他分之一況復千萬億
那由他眷屬況復億萬眷屬況復千萬百
萬乃至一萬況復一千一百乃至一十況復將
五四三二一弟子者況復單己樂遠離行如
是等比無量無邊筭數譬喻所不能知是諸

菩薩從地出已各詣虛空七寶妙塔多寶如
来釋迦牟尼佛所到已向二世尊頭面礼足
乃至諸寶樹下師子座上佛所亦皆作礼右
繞三帀合掌恭敬以諸菩薩種種讃法而以
讃歎住在一面欣樂瞻仰於二世尊是諸菩
薩摩訶薩從初踊出以諸菩薩種種讃法而
讃於佛如是時間經五十小劫是時釋迦牟
尼佛嘿然而坐及諸四衆亦皆嘿然五十小
劫佛神力故令諸大衆謂如半日尒時四衆
亦以佛神力故見諸菩薩遍滿無量百千萬
億國土虛空是菩薩衆中有四導師一名上
行二名無邊行三名淨行四名安立行是四
菩薩於其衆中最爲上首唱導之師在大衆
前各共合掌觀釋迦牟尼佛而問訊言世尊

菩薩於其衆中最爲上首唱導之師在大衆
前各共合掌觀釋迦牟尼佛而問訊言世尊
少病少惱安樂行不所應度者受教易不不
令世尊生疲勞耶尒時四大菩薩而説偈言
世尊安樂　少病少惱　教化衆生　得無疲惓
又諸衆生　受化易不　不令世尊　生疲勞耶
尒時世尊於諸菩薩大衆中而作是言如是如
是諸善男子如來安樂少病少惱諸衆生等
易可化度無有疲勞所以者何是諸衆生世
世已來常受我化亦於過去諸佛供養尊重
種諸善根此諸衆生始見我身聞我所説即
皆信受入如來慧除先修習學小乘者如是
之人我今亦令得聞是經入於佛慧尒時諸
大菩薩而説偈言

善哉善哉 大雄世尊 諸衆生等 易可化度
能問諸佛 甚深智慧 聞已信行 我等隨喜
於時世尊讚歎上首諸大菩薩善哉善哉
善男子汝等能於如來發隨喜心 尒時彌勒
菩薩及八千恒河沙諸菩薩衆皆作是念我等
從昔已來不見不聞如是大菩薩摩訶薩衆
從地踊出住世尊前合掌供養問訊如來時
彌勒菩薩摩訶薩知八千恒河沙諸菩薩等
心之所念并欲自決所疑合掌向佛以偈問
曰
無量千万億 大衆諸菩薩 昔所未曾見 願兩足尊說
是從何所來 以何因緣集 巨身大神通 智慧叵思議
其志念堅固 有大忍辱力 衆生所樂見 爲從何所來

其志念堅固　有大忍辱力　衆生所樂見　爲從何所來
一一諸菩薩　所將諸眷屬　其數無有量　如恒河沙等
或有大菩薩　將六萬恒沙　如是諸大衆　一心求佛道
是諸大師等　六萬恒河沙　俱來供養佛　及護持此經
將五萬恒沙　其數過於是　四萬及三萬　二萬至一萬
一千一百等　乃至一恒沙　半及三四分　億萬分之一
千萬那由他　萬億諸弟子　乃至於半億　其數復過上
百萬至一萬　一千及一百　五十與一十　乃至三二一
單己無眷屬　樂於獨處者　俱來至佛所　其數轉過上
如是諸大衆　若人行籌數　過於恒沙劫　猶不能盡知
是諸大威德　精進菩薩衆　誰爲其說法　教化而成就
從誰初發心　稱揚何佛法　受持行誰經　修習何佛道
如是諸菩薩　神通大智力　四方地震裂　皆從中踴出
世尊我昔來　未曾見是事　願說其所從　國土之名号

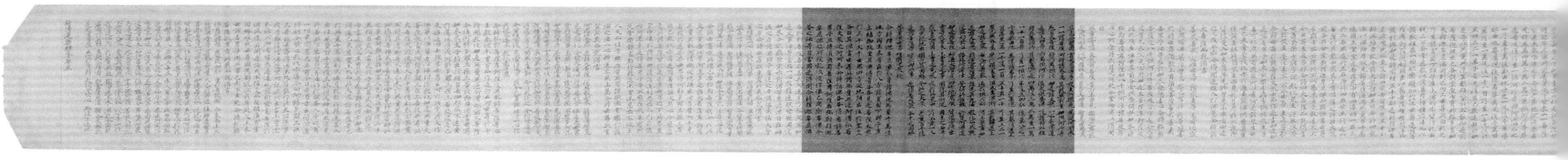

我常遊諸國　未曾見是衆　我於此衆中　乃不識一人
忽然從地出　願說其因緣　今此之大衆　無量百千億
是諸菩薩等　皆欲知此事　是諸菩薩衆　本末之因緣
無量德世尊　唯願決衆疑
尒時釋迦牟尼佛分身諸佛從無量千萬億
他方國土来者在於八方諸寶樹下師子座
上結跏趺坐其佛侍者各各見是菩薩大衆
於三千大千世界四方從地踊出住於虛空
各白其佛言世尊此諸無量無邊阿僧祇菩
薩大衆從何所来尒時諸佛各各侍者諸善
男子且待須臾有菩薩摩訶薩名弥勒釋迦
牟尼佛之所授記次後作佛已問斯事佛今
荅之汝等自當因是得聞尒時釋迦牟尼佛

荅之汝等自當因是得聞尒時釋迦牟尼佛
告弥勒菩薩善哉善哉阿逸多乃能問佛如
是大事汝等當共一心被精進鎧發堅固意
如來今欲顯發宣示諸佛智慧諸佛自在神
通之力諸佛師子奮迅之力諸佛威猛大勢
之力尒時世尊欲重宣此義而說偈言
當精進一心　我欲說此事　勿得有疑悔　佛智叵思議
汝今出信力　住於忍善中　昔所未聞法　今皆當得聞
我今安慰汝　勿得懷疑懼　佛無不實語　智慧不可量
所得第一法　甚深叵分別　如是今當說　汝等一心聽
尒時世尊說此偈已告弥勒菩薩我今於此
大衆宣告汝等阿逸多是諸大菩薩摩訶薩
無量無數阿僧祇從地踊出汝等昔所未見
者我於是娑婆世界得阿耨多羅三藐三菩

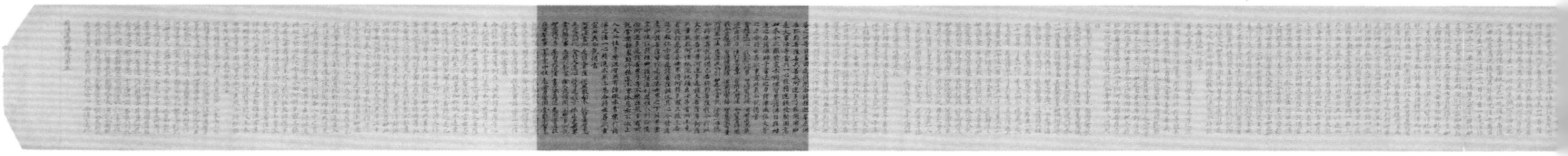

教已教化示導是諸菩薩調伏其心令發道
意此諸菩薩皆於是娑婆世界之下此界虛
空中住於諸經典讀誦通利思惟分別正憶
念阿逸多是諸善男子等不樂在眾多有所
說常樂靜處勤行精進未曾休息亦不依止
人天而住常樂深智無有障礙亦常樂於諸
佛之法一心精進求無上慧爾時世尊欲重
宣此義而說偈言
阿逸汝當知　是諸大菩薩　從無數劫來　修習佛智慧
悉是我所化　令發大道心　此等是我子　依止是世界
常行頭陀事　志樂於靜處　捨大眾憒鬧　不樂多所說
如是諸子等　學習我道法　晝夜常精進　為求佛道故
在娑婆世界　下方空中住　志念力堅固　常勤求智慧

BD01184　妙法蓮華經（八卷本）卷五

於是諸子等　學習我道法　晝夜常精進　爲求佛道故
在娑婆世界　下方空中住　志念力堅固　常勤求智慧
說種種妙法　其心無所畏　我於伽耶城　菩提樹下坐
得成最正覺　轉無上法輪　尒乃教化之　令初發道心
今皆住不退　悉當得成佛　我今說實語　汝等一心信
我從久遠來　教化是等衆
尒時弥勒菩薩摩訶薩及無數諸菩薩等心
生疑惑怪未曾有而作是念云何世尊於少
時間教化如是無量無邊阿僧祇諸大菩薩
令住阿耨多羅三藐三菩提即白佛言世尊
如來爲太子時出於釋宮去伽耶城不遠坐
於道場得成阿耨多羅三藐三菩提從是已
來始過四十餘年世尊云何於此少時大作
佛事以佛勢力以佛功德教化如是無量大

菩薩令住阿耨多羅三藐三菩提世尊此
大菩薩衆假使有人於千萬億劫數不能盡
不得其邊斯等久遠已来於無量無邊諸佛
所殖諸善根成就菩薩道常脩梵行世尊如此
之事世所難信譬如有人色美髮黑年二十
五指百歲人言是我子其百歲人亦指年
少言是我父生育我等是事難信佛亦如是
得道已来其實未久而此大衆諸菩薩等已
於無量千萬億劫爲佛道故勤行精進善入
出住無量百千萬億三昧得大神通久脩梵
行善能次第習諸善法巧於問答人中之寶
一切世間甚爲希有今日世尊方云得佛道
時初令發心教化示導令向阿耨多羅三藐
三菩提世尊得佛未久乃能作此大功德事

時教令發心 教化示導令向阿耨多羅三藐
三菩提 世尊得佛未久 乃能作此大功德事
我等雖復信佛隨宜所說 佛所出言未曾虛
妄 佛所知者皆悉通達 然諸新發意菩薩於
佛滅後若聞是語 或不信受 而起破法罪業
因緣 唯然世尊 願為解說 除我等疑 及未來
世諸善男子聞此事已 亦不生疑 爾時彌勒
菩薩欲重宣此義 而說偈言
佛昔從釋種 出家近伽耶 坐於菩提樹 爾來尚未久
此諸佛子等 其數不可量 久已行佛道 住神通智力
善學菩薩道 不染世間法 如蓮華在水 從地而踊出
皆起恭敬心 住於世尊前 是事難思議 云何而可信
佛得道甚近 所成就甚多 願為除衆疑 如實分別說
譬如少壯人 年始二十五 示人百歲子 髮白而面皺

是等我所生　子亦說是父　父少而子老　舉世所不信
世尊亦如是　得道来甚近　是諸菩薩等　志固無怯弱
從無量劫来　而行菩薩道　巧於難問答　其心無所畏
忍辱心決定　端正有威德　十方佛所讚　善能分別說
不樂在人衆　常好在禪定　為求佛道故　於下空中住
我等從佛聞　於此事無疑　願佛為未来　演說令開解
若有於此經　生疑不信者　即當墮惡道　願今為解說
是無量菩薩　云何於少時　教化令發心　而住不退地

妙法蓮華經卷第五

BD01184　妙法蓮華經（八卷本）卷五

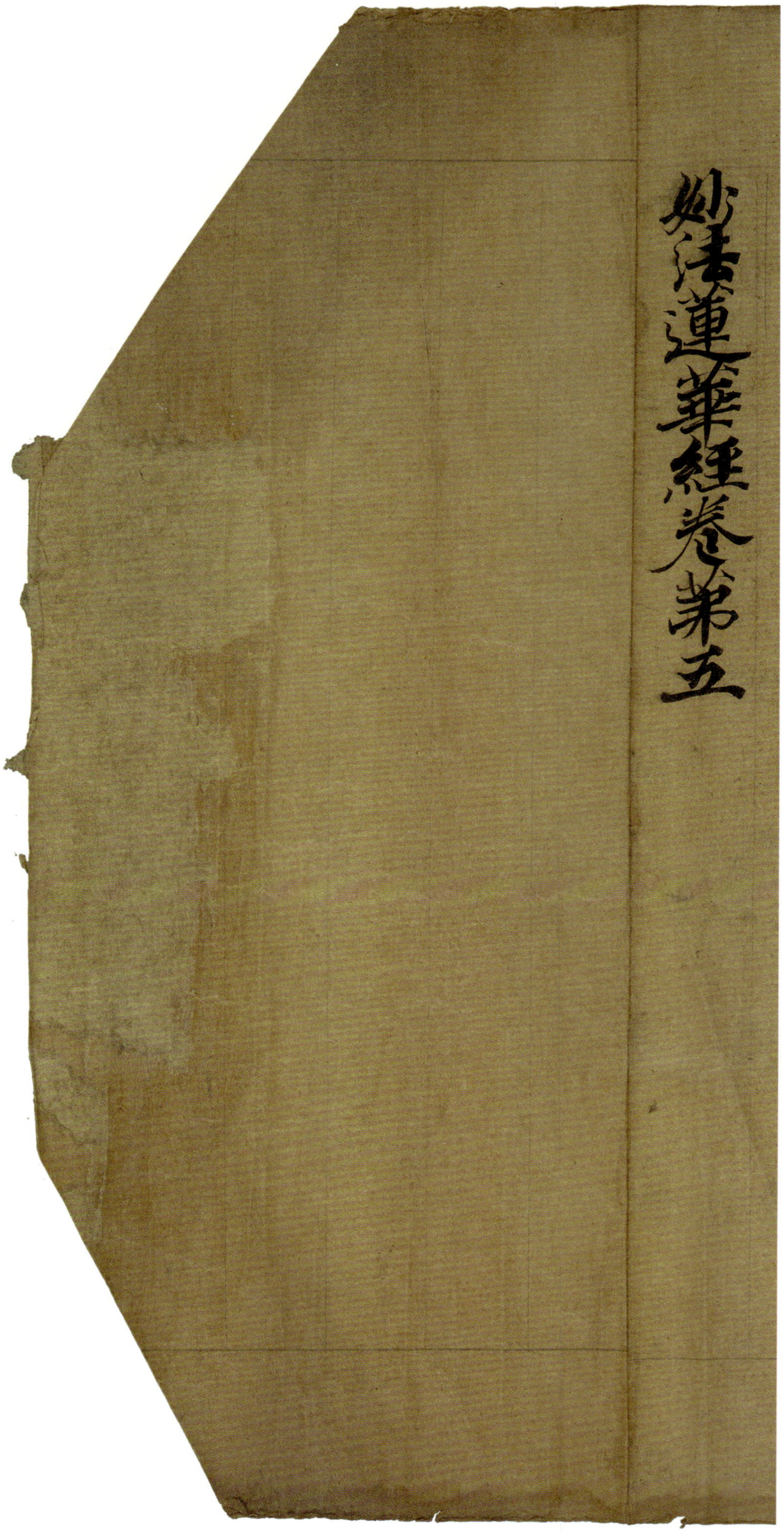

BD01184 妙法蓮華經（八卷本）卷五

BD01185　天地八陽神咒經

172.1cm × 27cm

者多滅
无始衆生說其
善哉善男子汝安
殯葬之法汝等諦聽
生死
之理大道之法夫天地廣
善善美實无有異　人主
慈悲愍念衆生皆如赤子　人主作
順於俗人教於俗法遣作　日頌下
知時節爲有平滿成收開除之字執危破煞之
文愚人依字信用无不免於凶禍又使邪師獻
鎮說是道理温邪神拜餓鬼却招殃自受害
如斯人輩返天時逆地利背日月之光明常投
闇室違正道廣路長更尋之邪查慎到之地走

聰明利智福德具足而无中夭死時讀三遍一
无妨害得福无量善男子日日好日月月好
月年年好年實无閒隔但辦即須殯葬殯
葬之日讀此經七遍甚大吉利獲福无量門榮
人貴延年益壽命終之日並得成聖
善男子殯葬之地不問東西南北安穩之處
人之愛樂鬼神愛樂即讀此經三遍便以修營
安置墓田永无災鄣家富人興甚大吉利尒時
世尊欲重宣此義而說偈言
營生善善日 休殯好好時 生死讀誦經 甚得大吉利
月月善明月 年年大好年 讀經即殯葬 榮華万代昌
尒時衆中七万七千人聞佛所說心開意解捨邪
歸正得佛法分永斷疑惑皆得阿耨多羅三
藐三菩提无㝵菩薩白佛言世尊一切凡夫
皆以婚姻為親先問相宜後取吉日然始

無邊身菩薩白佛言世尊一切凡夫
皆以婚嫁為親先問相宜後取吉日然始
成親已後富貴皆老者少貧窮生離死別者
多一種信邪如何而有差別唯願世尊為決
衆疑
佛言善男子汝等諦聽當為汝說天陰地陽
月陰日陽水陰火陽男陰女陽天地氣合一切
草木生焉日月交運四時八節明焉水火相
承一切万物熟焉男女允諧子孫興焉皆是
天之常道自然之理世帝之法善男子愚人无
智信其邪師卜問望吉而不修善造種種惡
業命終之後復得人身者如指上土墮於地
獄作餓鬼畜生者如大地土善男子復得
人身正信修善者如指甲上土信邪造惡業
者如大地土善男子若結婚親莫問水火相
剋胎胞相壓年命不同唯看祿命書知福德多少以

乃善善相曰明明相屬門高人貴子孫興盛
聰明利智多才多藝孝敬相承甚大吉利
而无中夭福德具足而生皆成佛道
時有八菩薩承佛威神得大惣持常處人間
和光同塵破邪立正度四生處八解其名曰
跋陁和菩薩漏盡和　羅隣那竭菩薩漏盡和
憍曰兜菩薩漏盡和　須彌深菩薩漏盡和
那羅達菩薩漏盡和　曰坻達菩薩漏盡和
和輪調菩薩漏盡和　无緣觀菩薩漏盡和
是八菩薩俱白佛言世尊我等於諸佛所受
得陁羅尼神呪而今說之擁護受持讀誦八
陽經者永无恐怖使一切不善之物不得侵損
讀經法師即於佛前而說呪曰
阿佉尼　尼佉尼　阿毗羅　曼隸　曼多隸
世尊若不善者欲來惱法師聞我說此呪

世尊若不善者欲來惱法師聞我説此呪
頭破作七分如阿梨樹枝
是時无邊身菩薩白佛言世尊云何名爲八
陽經唯願世尊爲諸聽衆解説其義令得醒
悟速達本心入佛知見永斷疑悔
佛言善哉善哉善男子汝等諦聽吾今爲
汝解説八陽之經八者分別也陽者明解也明解大
乘无爲之理了能分別識因緣空實无所得又
云八識爲經陽明爲緯經緯相投以成經教故
名八陽經八識者眼是色識耳是聲識鼻是
香識舌是味識身是觸識意是分別識含藏識
阿賴耶識是名八識明了分別八識相源空
无所有即知兩眼光明天中即現日月光明世尊
耳聲天聲聞天中即現无量如來兩鼻
佛香天中佛香天即現香積如來口舌是法
味天法味天口即見法喜如來身是盧舍那天

盧舍那天中即現成就盧舍那佛盧舍那鏡像
佛盧舍那光明佛意是无分別天无分別天中
即現不動如來大光明佛心是法界天中即現
空王如來 含藏識天演出阿含經大涅槃經
阿賴耶天演出大智度論經瑜伽論經善男子
即是法法即是佛合為一相即現大通智勝
如來說此經時一切大地六種震動光照天地无
有邊際浩浩蕩蕩而无所名一切幽冥皆悉明
朗一切地獄並皆消滅一切罪人俱得離苦
皆發无上菩提心
尒時衆中八万八千菩薩一時成佛号曰虛空
藏如來應正等覺劫名圓滿國号无邊一切民
人无有彼此並證无諍三昧六千比丘比丘尼
優婆塞優婆夷得大惣持无數天龍夜叉乾
闥婆阿脩羅迦樓羅緊那羅摩睺羅伽人非
人等得法眼淨行菩薩道

人等得法眼淨行菩薩道
復次善男子有人得官登位之日及新入宅舍
即讀此經三遍甚大吉利獲福无量善
若讀此經一遍如讀一切經一遍能寫一
卷者如寫一切經一部其功德不可稱不可量
无有邊如斯人等即成聖道
復次无邊身菩薩摩訶薩若有衆生不信
正法常生邪見忽聞此經即生誹謗言非佛
說是人現世得白賴病惡瘡膿血遍體交流腥
臊臭穢人皆憎嫉命終之後即墮阿鼻无間
地獄上火徹下下火徹上鐵叉遍身穿穴五藏
洋銅灌口肋骨爛壞一日一夜万死万生受
大苦痛无有休息謗斯經故獲罪如是佛
為罪人而說偈言
身是自然身　五體自然足　長乃自然長　老乃自然老

[illegible]

經已一切聽衆得未曾有心明意淨歡

[illegible]皆見諸相非相入[illegible]吾[illegible]

八无入无悟无知无

八陽神呪經

BD01186 大般若波羅蜜多經卷一二六

（唐）玄奘 譯

BD01186v 勘記

129.5cm × 25.3cm

波羅蜜多及所迴向一切智智
无相解脱門无願解脱門爲所
立令得生長故此般若波羅蜜
門无相解脱門无願解脱門爲
但廣稱讃般若波羅蜜多慶喜當知譬如大
地以種散中衆緣和合則得生長應知大地
與種生長爲所依止爲能建立如是般若波
羅蜜多及所迴向一切智智與五眼六神通
爲所依止爲能建立令得生長故此般若波
羅蜜多於五眼六神通爲尊爲導故我但廣
稱讃般若波羅蜜多慶喜當知譬如大地以
種散中衆緣和合則得生長應知大地與種
生長爲所依止爲能建立如是般若波羅蜜
多及所迴向一切智智與佛十力

四无礙解大慈大悲大喜大捨十八佛不共
法為所依止為能建立令得生長故此般若
波羅蜜多於佛十力四无所畏四无礙解大
慈大悲大喜大捨十八佛不共法為尊為導
故我但廣稱讚般若波羅蜜多慶喜當知譬
如大地以種散中衆緣和合則得生長應知
大地與種生長為所依止為能建立如是般
若波羅蜜多及所迴向一切智智與无忘失
法恒住捨性為所依止為能建立令得生長
故此般若波羅蜜多於无忘失法恒住捨性
為尊為導故我但廣稱讚般若波羅蜜多
慶喜當知譬如大地以種散中衆緣和合則得
生長應知大地與種生長為所依止為能建
立如是般若波羅蜜多及所迴向一切智智
與一切智道相智一切相智為所依止為能

與一切智道相智一切相智爲所依止爲能
建立令得生長故此般若波羅蜜多於一切
智道相智一切相智爲尊爲導故我但廣稱
讚般若波羅蜜多慶喜當知譬如大地以種
散中衆緣和合則得生長應知大地與種生
長爲所依止爲能建立如是般若波羅蜜多
及所迴向一切智智與一切陁羅尼門一切
三摩地門爲所依止爲能建立令得生長故
此般若波羅蜜多於一切陁羅尼門一切三
摩地門爲尊爲導故我但廣稱讚般若波羅
蜜多慶喜當知譬如大地以種散中衆緣和
合則得生長應知大地與種生長爲所依止
爲能建立如是般若波羅蜜多及所迴向一
切智智與彼菩薩摩訶薩行爲所依止爲能
建立令得生長故此般若波羅蜜多於彼菩

讚歎言讚稱為尊為導故我但廣稱讚般
若波羅蜜多慶喜當知譬如大地以種散中衆
緣和合則得生長應知大地與種生長為所
依止為能建立如是般若波羅蜜多及所迴
向一切智智與彼無上正等菩提為所依止
為能建立令得生長故此般若波羅蜜多於
彼無上正等菩提為尊為導故我但廣稱讚
般若波羅蜜多
尒時天帝釋白佛言世尊今者如來應正等
覺於此般若波羅蜜多一切功德說猶未盡
所以者何我從世尊所受般若波羅蜜多功
德深廣量無邊際諸善男子善女人等於此
般若波羅蜜多至心聽聞受持讀誦精勤脩
學如理思惟廣為有情宣說流布所獲功德
亦无邊際若有書寫如是般若波羅蜜多種

BD01186　大般若波羅蜜多經卷一二六

學如理思惟廣為有情宣說流布所獲功德
亦无邊際若有書寫如是般若波羅蜜多種
種嚴飾復以无量上妙花鬘塗散等香衣服
纓絡寶幢幡蓋衆妙珍奇伎樂燈明一切所
有供養恭敬尊重讃嘆所獲功德亦无邊際
世尊若有於此甚深般若波羅蜜多至心聽
聞受持讀誦精勤脩學如理思惟觧說書寫
廣令流布由此便有十善業道出現世間世
尊若有於此甚深般若波羅蜜多至心聽聞
受持讀誦精勤脩學如理思惟觧說書寫廣
令流布由此便有四靜慮四无量四无色定
五神通等出現世間世尊若有於此甚深般
若波羅蜜多至心聽聞受持讀誦精勤脩學
如理思惟觧說書寫廣令流布由此便有布
施淨戒安忍精進靜慮般若波羅蜜多出現

世間世尊若有於此甚深般若波羅蜜多至
心聽聞受持讀誦精勤脩學如理思惟解說
書寫廣令流布由此便有內空外空內外空
空空大空勝義空有為空無為空畢竟空無
際空散空無變異空本性空自相空共相空
一切法空不可得空無性空自性空無性自
性空出現世間世尊若有於此甚深般若波
羅蜜多至心聽聞受持讀誦精勤脩學如理

BD01186v　勘記

BD01187 妙法蓮華經卷一

（後秦）鳩摩羅什 譯

305.3cm × 26cm

貞實舍利弗如是增上慢人退亦佳矣汝
善聽當為汝說舍利弗言唯然世尊願樂欲
聞佛告舍利弗如是妙法諸佛如來時乃說
之如優曇鉢華時一現耳舍利弗汝等當信
佛之所說言不虛妄舍利弗諸佛隨宜說法
意趣難解所以者何我以无數方便種種因
緣辟喻言辭演說諸法是法非思量分別之
所能解唯有諸佛乃能知之所以者何諸佛
世尊唯以一大事因緣故出現於世舍利弗
云何名諸佛世尊唯以一大事因緣故出現
於世諸佛世尊欲令衆生開佛知見使得清
淨故出現於世欲示衆生佛知見故出現於
世欲令衆生悟佛知見故出現於世欲令衆
生入佛知見道故出現於世舍利弗是為諸

佛以一大事因緣故出現於世佛告舍利弗
諸佛如来但教化菩薩諸有所作常為一事
唯以佛之知見示悟衆生舍利弗如来但以
一佛乘故為衆生說法无有餘乘若二若三
舍利弗一切十方諸佛法亦如是舍利弗過
去諸佛以无量无數方便種種因緣譬喻言
辝而為衆生演說諸法是法皆為一佛乘故
是諸衆生從諸佛聞法究竟皆得一切種智
舍利弗未来諸佛當出於世亦以无量无數
方便種種因緣譬喻言辝而為衆生演說諸
法是法皆為一佛乘故是諸衆生從佛聞法
究竟皆得一切種智舍利弗現在十方无量
百千万億佛土中諸佛世尊多所饒益安樂
衆生是諸佛亦以无量无數方便種種因緣

百千万億佛土中諸佛世尊多所饒益安樂
衆生是諸佛亦以无量无數方便種種因緣
辟喻言辞而為衆生演說諸法是法皆為一
佛乘故是諸衆生從佛聞法究竟皆得一切
種智舍利弗是諸佛但教化菩薩欲以佛之
知見示衆生故欲以佛之知見悟衆生故欲
令衆生入佛之知見故舍利弗我今亦復如
是知諸衆生有種種欲深心所着随其本性
以種種因緣辟喻言辞方便力故而為說法
舍利弗如此皆為得一佛乘一切種智故舍
利弗十方世界中尚无二乘何况有三舍利
弗諸佛出於五濁惡世所謂劫濁煩惱濁衆
生濁見濁命濁如是舍利弗劫濁亂時衆生
垢重慳貪嫉妬成就諸不善根故諸佛以方
便力於一佛乘分別說三舍利弗若我弟子

自謂阿羅漢辟支佛者不聞不知諸佛如來
但教化菩薩事此非佛弟子非阿羅漢非辟
支佛又舍利弗是諸比丘比丘尼自謂已得
阿羅漢是最後身究竟涅槃便不復志求阿
耨多羅三藐三菩提當知此輩皆是增上慢
人所以者何若有比丘實得阿羅漢若不信
此法无有是處除佛滅度後現前无佛所以
者何佛滅度後如是等經受持讀誦解義者
是人難得若遇餘佛於此法中便得決了舍
利弗汝等當一心信解受持佛語諸佛如來
言无虛妄无有餘乘唯一佛乘尒時世尊欲
重宣此義而說偈言
比丘比丘尼　有懷增上慢　優婆塞我慢　優婆夷不信
如是四眾等　其數有五千　不自見其過　於戒有缺漏
護惜其瑕疵　是小智已出　眾中之糟糠　佛威德故去

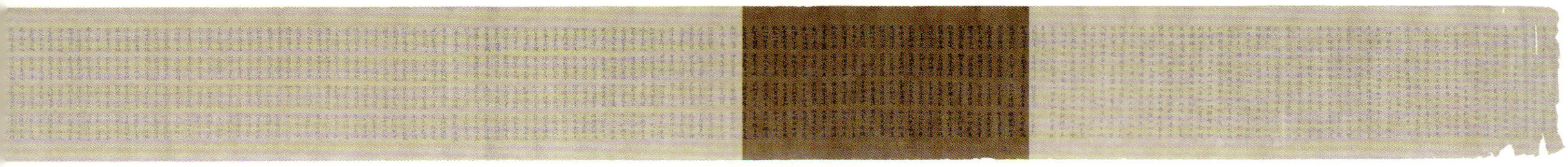

如是四衆等　其數有五千　不自見其過　於戒有缺漏
護惜其瑕疵　是小智已出　衆中之糟糠　佛威德故去
斯人尠福德　不堪受是法　此衆无枝葉　唯有諸貞實
舍利弗善聽　諸佛所得法　无量方便力　而爲衆生說
衆生心所念　種種所行道　若干諸欲性　先世善惡業
佛悉知是已　以諸緣譬喻　言辭方便力　令一切歡喜
或說脩多羅　伽陀及本事　本生未曾有　亦說於因緣
譬喻并祇夜　優波提舍經　鈍根樂小法　貪着於生死
於諸无量佛　不行深妙道　衆苦所惱亂　爲是說涅槃
我設是方便　令得入佛慧　未曾說汝等　當得成佛道
所以未曾說　說時未至故　今正是其時　決定說大乘
我此九部法　隨順衆生說　入大乘爲本　以故說是經
有佛子心淨　柔軟亦利根　无量諸佛所　而行深妙道
爲此諸佛子　說是大乘經　我記如是人　來世成佛道

以深心念佛　修持淨戒故　此等聞得佛　大喜充遍身
佛知彼心行　故為說大乘　聲聞若菩薩　聞我所說法
乃至於一偈　皆成佛无疑　十方佛土中　唯有一乘法
无二亦无三　除佛方便說　但以假名字　引導於眾生
說佛智慧故　諸佛出於世　唯此一事實　餘二則非真
終不以小乘　濟度於眾生　佛自住大乘　如其所得法
定慧力莊嚴　以此度眾生　自證无上道　大乘平等法
若以小乘化　乃至於一人　我則墮慳貪　此事為不可
若人信歸佛　如來不欺誑　亦无貪嫉意　斷諸法中惡
故佛於十方　而獨无所畏　我以相嚴身　光明照世間
无量眾所尊　為說實相印　舍利弗當知　我本立誓願
欲令一切眾　如我等无異　如我昔所願　今者已滿足
化一切眾生　皆令入佛道　若我遇眾生　盡教以佛道
无智者錯亂　迷惑不受教　我知此眾生　未曾修善本
堅著於五欲　癡愛故生惱　以諸欲因緣　墜墮三惡道

无智者錯亂　迷惑不受教　我知此衆生　未曾修善本
堅著於五欲　癡愛故生惱　以諸欲因緣　墜墮三惡道
輪迴六趣中　備受諸苦毒　受胎之微形　世世常增長
薄德少福人　衆苦所逼迫　入邪見稠林　若有若无等
依止此諸見　具足六十二　深著虛妄法　堅受不可捨
我慢自矜高　諂曲心不實　於千万億劫　不聞佛名字
亦不聞正法　如是人難度　是故舍利弗　我為設方便
說諸盡苦道　示之以涅槃　我雖說涅槃　是亦非真滅
諸法從本來　常自寂滅相　佛子行道已　來世得作佛
我有方便力　開示三乘法　一切諸世尊　皆說一乘道
今此諸大衆　皆應除疑惑　諸佛語无異　唯一无二乘
過去无數劫　无量滅度佛　百千万億種　其數不可量
如是諸世尊　種種緣譬喻　无數方便力　演說諸法相
是諸世尊等　皆說一乘法　化无量衆生　令入於佛道

又諸大聖主　知一切世間　天人群生類　深心之所欲
更以異方便　助顯第一義　若有眾生類　值諸過去佛
若聞法布施　或持戒忍辱　精進禪智等　種種脩福德
如是諸人等　皆已成佛道　諸佛滅度已　若人善軟心
如是諸眾生　皆已成佛道　諸佛滅度已　供養舍利者
起万億種塔　金銀及頗梨　車璖與馬瑙　玫瑰琉璃珠
清淨廣嚴飾　莊校於諸塔　或有起石廟　栴檀及沉水
木蜜并餘材　塼瓦泥土等　若於曠野中　積土成佛廟
乃至童子戲　聚沙為佛塔　如是諸人等　皆已成佛道
若人為佛故　建立諸形像　刻雕成眾相　皆已成佛道
或以七寶成　鍮石赤白銅　白鑞及鉛錫　鐵木及與泥
或以膠漆布　嚴飾作佛像　如是諸人等　皆已成佛道
采畫作佛像　百福莊嚴相　自作若使人　皆已成佛道
乃至童子戲　若草木及筆　或以指爪甲　而畫作佛像
如是諸人等　漸漸積功德　具足大悲心　皆已成佛道

乃至童子戲　若草木及筆　或以指爪甲　而畫作佛像
如是諸人等　漸漸積功德　具足大悲心　皆已成佛道
但化諸菩薩　度脫无量衆　若人於塔廟　寶像及畫像
以華香幡蓋　敬心而供養　若使人作樂　擊鼓吹角貝
簫笛琴箜篌　琵琶鐃銅鈸　如是衆妙音　盡持以供養
或以歡喜心　歌唄頌佛德　乃至一小音　皆已成佛道
若人散亂心　乃至以一華　供養於畫像　漸見无數佛
或有人禮拜　或復但合掌　乃至舉一手　或復小低頭
以此供養像　漸見无量佛　自成无上道　廣度无數衆
入无餘涅槃　如薪盡火滅　若人散亂心　入於塔廟中
一稱南无佛　皆已成佛道　於諸過去佛　在世或滅後
若有聞是法　皆已成佛道　未來諸世尊　其數无有量
是諸如來等　亦方便說法　一切諸如來　以无量方便
度脫諸衆生　入佛无漏智　若有聞法者　无一不成佛

諸佛本誓願　我所行佛道　普欲令衆生　亦同得此道
未來世諸佛　雖說百千億　无數諸法門　其實爲一乘
諸佛兩足尊　知法常无性　佛種從緣起　是故說一乘
是法住法位　世間相常住　於道場知已　導師方便說
天人所供養　現在十方佛　其數如恒沙　出現於世間
安隱衆生故　亦說如是法　知第一寂滅　以方便力故
雖示種種道　其實爲佛乘　知衆生諸行　深心之所念
過去所習業　欲性精進力　及諸根利鈍　以種種因緣
譬喻亦言辭　隨應方便說　今我亦如是　安隱衆生故
以種種法門　宣示於佛道　我以智慧力　知衆生性欲
方便說諸法　皆令得歡喜　舍利弗當知　我以佛眼觀
見六道衆生　貧窮无福慧　入生死險道　相續苦不斷
深著於五欲　如犛牛愛尾　以貪愛自蔽　盲瞑无所見
不求大勢佛　及與斷苦法　深入諸邪見　以苦欲捨苦
爲是衆生故　而起大悲心　我始坐道場　觀樹亦經行

為是眾生故　而起大悲心　我始坐道場　觀樹亦經行
於三七日中　思惟如是事　我所得智慧　微妙最第一
眾生諸根鈍　著樂癡所盲　如斯之等類　云何而可度
尒時諸梵王　及諸天帝釋　護世四天王　及大自在天
并餘諸天眾　眷屬百千万　恭敬合掌礼　請我轉法輪
我即自思惟　若但讚佛乘　眾生沒在苦　不能信是法
破法不信故　墜於三惡道　我寧不說法　疾入於涅槃
尋念過去佛　所行方便力　我今所得道　亦應說三乘
作是思惟時　十方佛皆現　梵音慰喻我　善哉釋迦文
第一之導師　得是无上法　隨諸一切佛　而用方便力
我等亦皆得　最妙第一法　為諸眾生類　分別說三乘
少智樂小法　不自信作佛　是故以方便　分別說諸果
雖復說三乘　但為教菩薩　舍利弗當知　我聞聖師子
深淨微妙音　喜稱南无佛　復作如是念　我出濁惡世

如諸佛所說　我亦隨順行　思惟是事已　即趣波羅柰
諸法寂滅相　不可以言宣　以方便力故　為五比丘說
是名轉法輪　便有涅槃者　及以阿羅漢　法僧差別名
從久遠劫來　讚示涅槃法　生死苦永盡　我常如是說
舍利弗當知　我見佛子等　志求佛道者　无量千万億
咸以恭敬心　皆來至佛所　曾從諸佛聞　方便所說法
我即作是念　所以出於世　為說佛慧故　今正是其時
舍利弗當知　鈍根小智人　著相憍慢者　不能信是法
今我喜无畏　於諸菩薩中　正直捨方便　但說无上道
菩薩聞是法　疑網皆已除　千二百羅漢　悉亦當作佛
如三世諸佛　說法之儀式　我今亦如是　說无分別法
諸佛興出世　懸遠值遇難　正使出于世　說是法復難
无量无數劫　聞是法亦難　能聽是法者　斯人亦復難
譬如優曇華　一切皆愛樂　天人所希有　時時乃一出
聞法歡喜讚　乃至發一言　則為已供養　一切三世佛

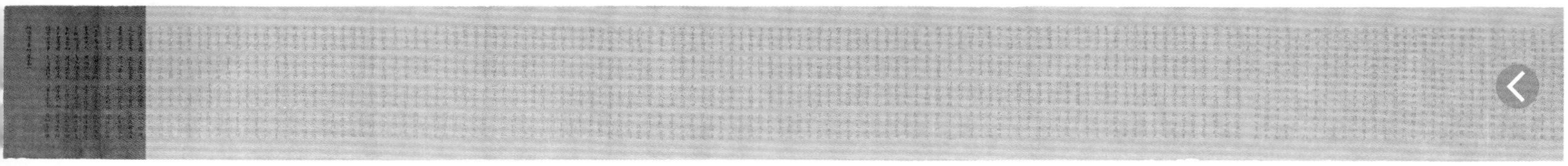

聞法歡喜讚　乃至發一言　則為已供養　一切三世佛
是人甚希有　過於優曇華　汝等勿有疑　我為諸法王
普告諸大衆　但以一乘道　教化諸菩薩　无聲聞弟子
汝等舍利弗　聲聞及菩薩　當知是妙法　諸佛之祕要
以五濁惡世　但樂著諸欲　如是等衆生　終不求佛道
當來世惡人　聞佛說一乘　迷惑不信受　破法墮惡道
有慚愧清淨　志求佛道者　當為如是等　廣讚一乘道
舍利弗當知　諸佛法如是　以万億方便　隨宜而說法
其不習學者　不能曉了此　汝等既已知　諸佛世之師
隨宜方便事　无復諸疑惑　心生大歡喜　自知當作佛

妙法蓮華經卷第一